認知症カフェに集まる家族、
専門職が一緒に作った！

認知症の人と家族のための「地元で暮らす」ガイドブック Q&A

監修 新里 和弘
著 NPO法人Dカフェnet

はじめに

　目標は人を前向きにします。「今度の同窓会までに 3 キロ減量する」とか、「40 歳までに独立起業する」とか、目標は日々の生活に活力を与えます。もしも認知症の介護で目標を立てようとすると、それはなかなか難しいことだと思います。病気の特性上、もとに戻ることはありません。介護生活は、ながーいトンネルに入ったように感じられ、トンネルを抜けることだけが待たれることもあるでしょう。認知症介護のゴールは、果たして介護されている人があの世に召された時なのでしょうか？

　『恍惚の人』（有吉佐和子著）の中に茂造爺が出てきます。徘徊や弄便が著しく、家族（お嫁さん）にさんざん迷惑をかけます。認知症が著しく進行した茂造爺ですが、その晩期においてこのような記述があります。「……彼はよく笑うようになった。口は開けず声も出さず、眼許だけで微笑するのだが、こんな表情は昭子（筆者注：お嫁さん）の知る限りの茂造にはないものであった」。また別の個所では、「超越しちゃったね、お爺ちゃんは」と家族で茂造爺のことを称します。『わが母の記』（井上靖著）の中で、認知症の実母の変化について井上さんは、「後年の二年は体の衰えと共に、老耄そのものも何となくエネルギーを失った感じで、頭の毀れていることに変わりはないにしても、ひと頃では信じられぬような静かな明暮が母の上に訪れていた。その点では母も救われ、息子や娘たちも救われたと言うことができた」と書いています。私は、このような状態に達することが、認知症介護の一つの目標ではないか、と思うのです。つまり、嵐のような激しい症状が過ぎ去って、何とか「病を抜け」て、平穏なゆっくりとした時間の流れに身を委ねられるような日々に到達できることが、認知症介護の目標ではないか、と考えるのです。多くの認知症の方を診てきた経験からいえば、いい介護を受ければ必ず、「病を抜ける」ことができます。

　「老年的超越」という現象をご存知でしょうか？　人は 80 歳代も後半になると、「老年的超越」の境地に達しやすくなることが国際的な研究で知られています。この境地は 3 つの特徴からなっています。一つは自己中心性が薄らいで利他主義になるということです。いい意味でもともとの自我から離れ、自在にふるまえるようなる。もう一つは表面的な関係に対

する興味が薄れる。一人の世界を楽しめ、富もありすぎるとよくないことがはっきりわかる。3つ目が、宇宙的意識の獲得といわれるもので、過去から未来へつながる時の流れの中に自分があることを実感できる。思考は自由に過去から未来へと行き来する。生と死を区別する本質的なものは存在しない、死も一つの通過点に過ぎないという感覚が生まれてくるというのです。昔から百寿者（百歳以上の人）は、健康状態の低下が顕著であるにもかかわらず、幸福感が高いことはよく知られていて、エイジング・パラドックスと呼ばれていましたが、その背景には「老年的超越」があったのです。高齢に達するとこのようないいことがある、とポジティブにとらえたいと思います。いい介護を受ければ誰しもが「好々爺」になれます。そしてこの好々爺の状態こそが、老年的超越の境地に近いのではないか、と私は秘かに思っています。いい介護を受けて、好々爺になって、老年的超越を獲得することは、本人にとっても、介護をする人にとっても、一つの目標になるのではないでしょうか。

　その目標を達成するためにも、まずは認知症のことを恐れずによく知ることが重要です。認知症のことを知るためには、まずこの本をぱらぱらとめくってみることをお勧めします。次に、介護をする人は、「力を借りる」ということが極めて重要になります。一人の努力で乗り切れるほど、認知症介護は生易しいものではありません。他者の力、介護サービスの力、また認知症カフェのような「場の力」です。「場の力」を広げていくと、認知症に強い地域とはどのようなものかという問題につながると思います。この本は、認知症カフェに集う、患者さんを含む仲間の力の結集によって生まれました。この本が認知症の方の病を抜けるお手伝いができることを、心より願っています。

2018 年 7 月

東京都立松沢病院　認知症疾患医療センター長

新里 和弘

はじめに

　入院時、ナースコールの使い方を何度も何度も教えました。しかし、母はすぐに忘れてしまいます。そのたびに叱ります。すると、「ごめんなさい。ごめんなさい」。

　記憶は残らない。しかし、（好き・嫌いの）感情は残る。これは認知症ケアの鉄則です。ナースコールの意味が理解できず、繰り返し叱られた嫌な感情だけが母には残ったことでしょう。

　母のアルツハイマー病は「夜間の幻視」が特徴でした。一晩に何度か起き、いない人に向かって話しかけます。ある晩、思わず声を荒げてしまいました。母は手を合わせ「ごめんなさい。もう二度としません」。またもやゴメンナサイです。本当に辛かったのは、認知症という病気に「眠らせてもらえない」母だったと気付きました。わたしは「病気を叱っていた」ことになります。"嫌な人"になりかけていました。

　「わたし頭がヘンになっちゃった」と言った母の声が耳の奥に残っています。認知症の人のこころの中には、わたしはどうなってしまったのという「混乱」と「不安」があるようです。その「不安」が不可解な行動に向かわせます。"行動"には元となる理由があります。そこに向き合って、不安を和らげることに心すれば、徘徊（嫌な言葉！）やもの盗られなども、よほど緩和されるでしょう。

　母と一緒に家族会に通い、多くの人の体験談を聞きました。認知症は十人十色だなあと思いました。多くの専門職とも知り合うことができました。家族介護者（ケアラー）と専門職、異なる視点からの情報で視野が広がりました。

　今、"Ｄカフェ"という名の認知症カフェを民家、病院、介護事業所、飲食店などで月に十数日、開催しています。認知症の人の不安やケアラーのストレスに寄り添い、皆で知恵を出し合って、課題に向き合っています。

＊

　この本はＤカフェに集うケアラー、ケアマネジャー、訪問看護師、医師たちによる「介護編集会議」で作りました。Ｄカフェ活動で培ってきた認知症ケアの在り方を、実践的な「Ｑ＆Ａ」という方法で表現しました。メンバーの多様な経験から、まずＱを設定し、議論してＡを導き出しました。しかし、「認知症介護に正解はない」のですから、成功例・失敗例を並記するようにしました。読者の皆さんに多様な選択肢を提供し、それぞれの

介護状況に見合った「ケアの知恵（コツ）」を編み出してもらいたいと思います。ケアのアイディアを考えるのは面白いですよ。Ａ案でだめなら、即、Ｂ案を繰り出す。それでもダメならＣ……。遊び感覚でやってみてください。気持ちがポジティブになっていくと思います。

　母は 98 歳の誕生日の 10 日前、自宅のベッドで穏やかな死を迎えました。自然の死だったと思います。

　認知症医療は、未だに根本的な治療法や治療薬を見つけられずにいます。

　認知症は約 70 の疾患の総称です。いちばん多いのがアルツハイマー病。時間をかけてゆっくり進行し、ある時期から老耄、つまり寿命に向かう道筋と重なっていきます。「治す」に固執せず、暮らしの知恵で並走していくほうがよいでしょう。

　専門職と緊密に連携し向き合っていくハードなタイプの認知症もあります。また、治る認知症もあります。いずれも、相談できるかかりつけ医をつくっておくのがいいでしょう。

　認知症医療・介護の情報は、行政や地域包括支援センター、認知症疾患医療センターの窓口で入手できます。家族会や認知症カフェも有用な情報をたくさん持っています。

＊

　自宅での普通の生活をベースに、近所のかかりつけ医とバックアップしてくれる総合病院、そして介護サービスやボランティアグループなどと上手に付き合っていく。それが「在宅療養」のイメージです。

　認知症の在宅療養を支える医療・介護の取り組みを目黒のケースからお伝えします。厚生中央病院（Ｄカフェ・さんま開催）の櫻井道雄院長には「地域包括ケア病棟」の取り組みを、そして楢林神経内科クリニックの楢林洋介院長からは「かかりつけ医と訪問診療」について発信してもらいました。全体の監修は、東京都立松沢病院認知症疾患医療センターの新里和弘センター長にお願いしました。

　この場を借りて、ご協力いただいた皆さまに厚く御礼を申し上げます。

2018 年 7 月

NPO 法人 D カフェ net　代表理事
竹内 弘道

著者・協力者一覧

● 監修

新里 和弘　東京都立松沢病院 認知症疾患医療センター長

● 著者

NPO 法人 D カフェ net（代表理事 竹内 弘道）

● 編集協力

福島 美喜子　ライター

● 取材協力（五十音順）

伊東 尚子　D カフェ net
櫻井 道雄　厚生中央病院 院長
下村 純代　D カフェ net
杉山 則子　D カフェ net 副理事長
田邉 元太郎　D カフェ net 副理事長
楢林 洋介　楢林神経内科クリニック 院長
西川 英子　厚生中央病院　地域連携広報室副室長
西野 充　D カフェ net 監事
野寺 香織　D カフェ net 理事
長谷川 侑香　D カフェ net

目次

はじめに（新里和弘） ………………………………………… 2

はじめに（NPO法人Dカフェnet） ………………………… 4

著者・協力者一覧 …………………………………………… 6

第1章 認知症の基礎知識　認知症の不安が出てきたときのQ&A

Q1 家族でも気づける？　認知症に気づくポイントは？ ………………… 12

Q2 認知症かもしれないと思ったら、すぐに病院に行かないといけない？ …… 15

Q3 本人が病院に行くのを嫌がる。どうすればいい？ ………………… 17

Q4 認知症の相談先には、どんなところがあるの？ …………………… 19

Q5 認知症とわかったら周囲に告知しておいたほうがいい？ ………… 22

Q6 これからどうなっていくか不安…。
　　認知症になっても住み慣れた家で暮らせる？ ……………………… 24

コラム　認知症のタイプによって症状は異なります ……………………… 26

第2章 介護態勢をつくる　家族や専門職、チームで支えるためのQ&A

Q7 介護するのははじめてで何をしたらいいかわからない。
　　どうすれば上手くいく？ ……………………………………………… 28

コラム　頼りになる専門職 ………………………………………………… 30

Q8 家族や専門職と上手に介護を分担するコツは？ …………………… 32

7

Q9 誰かが仕事をやめないと介護できない？ ……………………… 34

Q10 介護がつらくて息切れしそう…。何かいい方法はある？ ………… 36

第3章 介護サービスを使う
「介護保険」を使うための Q&A

Q11 介護保険ではどんなサービスが受けられる？ ………………… 40

Q12 認定調査を受ける時にはどんなことに注意が必要？ ……………… 46

Q13 本人が介護サービスを受けたがらない。どうすればいい？ ………… 47

Q14 いいケアマネジャーを見つけたい。どこで探せばいい？ ………… 49

Q15 介護にかかるお金を減らしたい。何かいい方法はある？ ………… 52

第4章 認知症ケアの心構えとアイディア
困った症状に寄り添うための Q&A

Q16 認知症の人を在宅でケアするとき、どんなことを心がければいい？ … 58

Q17 どうしても認知症の人にイライラしてしまう…。どうすればいい？ … 60

Q18 お金や大事なものが盗まれたと頻繁に騒いで大変…。
何とかならないか？ ………………………………………… 62

Q19 お風呂を嫌がって入ってくれない。どうすればいい？ ……………… 65

Q20 家から外出したがるが、常に同行はできない。どうすればいい？ … 67

Q21 トイレの問題に困る。どんな解決策がある？ ………………… 69

Q22 タバコが大好きだが、火事を起こさないか不安。いい対策はある？ … 71

Q23 買い物がうまくできず、不要なものをたくさん買ってしまう。
解決策は？ ………………………………………………… 74

Q24 自動車の運転をやめてくれない。何かいい方法はある？ ………… 77

CONTENTS

第5章 医療サポート体制を整える
上手に医療に頼るためのQ&A

Q25 かかりつけ医がいると、どんなメリットがある？ …………………… 82
コラム 認知症に加えて病気も合併しているときは、
　　　　近所のかかりつけ医による訪問診療を ……………………… 84
Q26 長く健康に暮らしていくためには、どんな点に気をつければいい？ 86
コラム 健やかに過ごせる時間を長くするには、
　　　　早い段階で訪問看護サービスの利用を ……………………… 87
Q27 医師に相談したほうがいい症状はどんなものがある？ ……………… 88
Q28 なかなかご飯を食べてくれなくなった。どうすればいい？ ………… 91
Q29 便がなかなか出なくなっている。
　　　食事や薬など排便を楽にする工夫は？ ……………………………… 93
Q30 昼夜逆転して、夜に眠ってくれない。
　　　夜に寝てもらういい方法は？ ………………………………………… 96
Q31 薬の飲み忘れや飲みすぎを防ぐにはどうすればいい？ ……………… 98
Q32 入院すると認知症の症状が進むと聞くが、
　　　症状を進ませない工夫はある？ …………………………………… 101
コラム 病院、介護施設、在宅の橋渡しをするのが地域包括ケア病棟。
　　　　病気になった認知症の人も入院できる ……………………… 103
Q33 自宅で最期を看取るには、どんな態勢や心構えが必要？ ………… 105

索引 ……………………………………………………………………………… 109

9

第1章

認知症の基礎知識

「これから どうなるの？」 「自宅にそのまま 住み続けられる？」

認知症の不安が出てきたときのQ&A

第1章 認知症の基礎知識
認知症の不安が出てきたときのQ&A

これからどうなるの？
自宅にそのまま住み続けられる？

Q1 家族でも気づける？認知症に気づくポイントは？

A. 本人と家族が気づくまでタイムラグがあります。日頃のコミュニケーションが気づきの時期を早めます

　認知症は、まず本人が気づきます。そこから家族や職場の人が言動の異変に気づくまでには、3〜5年のタイムラグがあるとされます。つまり、認知症がある程度進行してから、ようやく周囲の人が気付くことが少なくないのです。

看護師

仕事でも家事にしても、うまくいかなかったときに冗談半分で本人が「ボケてきた」と言ったりしますが、冗談ですましてはいけない場合もあるので注意しましょう。

✔ もしかしたら認知症かも？　気づきのポイント

- □ 同じことをくりかえし何度も言う
- □ 鍵やリモコンなど、物をどこに置いたかわからないことがよくある
- □ 計算が合わないことが増えた
- □ 約束の日時や場所を間違えることがよくある
- □ 今日が何年何月何日かわからない
- □ 買い物が上手にできない
  （同じものばかり買う、必要なものが買えない）
- □ ちょっとしたきっかけで怒ってしまう
- □ 自分の失敗を認めなくなった
- □ 天気と服装がちぐはぐなことがある
- □ 家から出たがらなくなった

※上記のリストは認知症の人によく見られる症状ですが、医学的な診断基準ではありません。心配なことがあれば、念のため医師に相談しましょう。

家族 女性

私が母の異変に気づいたのは、買い物に行くと同じものばかり買ってくるようになったときです。認知症の症状が進むまで、異変に全然気づきませんでした。

事務職を30年やってきた人が、お金の計算をすると端数を間違うようになりました。本人も異変に気づいていたと思いますが、なかなか認めようとされませんでした。

ケアマネ

第1章　認知症の基礎知識　認知症の不安が出てきたときのQ&A

13

認知症の人は自身の異変に気づいても、家族に相談せず、むしろ隠したり、取り繕うことが少なくありません。早めに認知症に気づくために大切なのは、<u>日頃のコミュニケーション</u>です。親と別居していたり、遠方に住んでいたりしても、こまめにコンタクトをとっていれば早い段階で異変に気づくことができるでしょう。

家族 男性

> 母は几帳面で部屋をいつもきれいに片付けていたのに、数か月振りに実家に来てみたら散らかし放題になっていました。今思えば、あのときが認知症のはじまりだったのかもしれません。

ココがポイント！

認知症になると何もわからなくなる？

　認知症になっても、楽しさ、うれしさ、恥ずかしさ、誇り、思いやり、好き・嫌い、敵・味方といった感情は失われません。
　認知症の人はもの忘れをしていることや、今までできたことができなくなっていることに気づいています。本人は不安や悔しい思いでいっぱいなのです。そこに、周囲の人たちから失敗を指摘されたり、怒られたりすれば、プライドが傷つき、少しずつ自信を失っていきます。

認知症かもしれないと思ったら、すぐに病院に行かないといけない?

認知症の確定診断を急ぐのではなく、まずは本人をどうサポートしていくかを考えましょう

　早めに受診して認知症の確定診断を受けたほうが、早期発見・早期治療につながるというのが一般的な考え方です。しかし、認知症を根治させる治療はまだなく、確定診断が下ったことで将来に絶望してしまうケースもないとはいえません。家族にとって大切なことは、認知症についての知識や情報を得て、<u>本人をどうサポート</u>していくかをよく考えることです。認知症は急激には進行しないので、受診するのはそれからでも遅くはありません。

　ただし、生活に支障を来している場合は、できるだけ早く受診しましょう。というのは、症状は認知症と似ていても、他の病気の可能性もあるからです。正常圧水頭症や慢性硬膜下血腫、甲状腺機能低下症、脳腫瘍による認知機能の低下は、<u>原因を取り除くことで改善できる可能性があり</u>、早めの対処が大切です。

レビー小体型認知症は早期発見が大切です

　レビー小体型認知症は他の認知症と違い、初期はもの忘れが目立ちません。代わりに、実際には見えないものが見えたり（幻視）、睡眠中に大声で怒鳴ったり、臭いに鈍感になる、うつ症状などが目立つことがあります。また、手足が震える、歩行が小刻みになるといった症状もあります。

　また、レビー小体型認知症の人は薬が効きやすく、副作用も出やすいため、レビー小体型認知症に詳しい医師に治療してもらわないと危険です。異変に気づいたら、すぐに受診し確定診断を受けてください。

認知症と紛らわしい病気

- **正常圧水頭症**
  頭の中で髄液が異常に溜まり、脳が圧迫されて起こります。主な症状は歩行障害、認知障害、尿失禁の3つで、表情が乏しくなることもあります。
- **慢性硬膜下血腫**
  頭を軽くぶつけた衝撃などで、頭蓋内に血腫ができることがあります。脳が圧迫されることで、もの忘れや歩行障害、尿失禁などの症状が現れます。
- **甲状腺機能低下症**
  甲状腺ホルモンの量が低下することで、全身の代謝が低下します。精神機能が低下することによって、眠気、記憶障害、抑うつ、無気力などの症状が現れます。
- **脳腫瘍**
  腫瘍が脳を圧迫して、認知症に似た症状が現れることがあります。
- **うつ病**
  うつ病の症状は認知症とよく似ています。ただし、認知症の場合は社交性が保たれている場合が多いですが、うつ病は人との関わりを避けようとするなどの違いがあります。

家族 男性

> 早期発見・早期治療を言いすぎる気がします。認知症の場合、生活は急激には変わらないので、確定診断を受けることが最優先ではないのでは？ どれくらい生活に支障が出ているかによると思います。

> 両親ともに認知症でしたが、母の場合は脳梗塞とパーキンソン病が、父の場合は水頭症が隠れていました。暮らしに問題が生じているのであれば、早めに確定診断を受けることはとても大切だと思います。

家族 女性

本人が病院に行くのを嫌がる。どうすればいい?

 専門外来に対しては抵抗を示しやすい。
抵抗なく受診してくれる方法を探りましょう

　認知症の疑いがあっても、病院に行きたがらない人は少なくありません。ましてや、もの忘れ外来、老年科、心療内科、精神科、脳外科などの専門外来を受診するのは、さらに抵抗感が強いでしょう。むりやりに連れていくのではなく、いろんなアプローチを試してみましょう。

病院に行きたくない理由を聞いてみる

　本人が心理的に抵抗を感じている場合は、無理強いせずに、どうして行きたくないか尋ねましょう。

家族と一緒に診てもらう

　家族の通院に同行してもらうことは口実になります。自分の通院は嫌でも、家族に頼られると重い腰を上げてくれる人は多いようです。あらかじめ医療機関に事情を説明しておくと、上手く対応してくれるでしょう。

かかりつけ医など家族以外の人に勧めてもらう

　風邪など他の病気で診察してもらったときに、かかりつけ医から専門外来を紹介してもらう方法もあります。友人からの勧めも比較的受け入れやすいようです。

看護師

家族と本人だけだと「行こう」「行かない」の堂々巡りになりがちです。家族のいない場で第三者から言われて、はじめて認知症の診察につながるケースもあります。

健康診断を口実に診察してもらう

　病院には行きたくないけれど、健康診断なら抵抗がない人には、健康診断時に診察してもらう方法もあります。事前に保健所や健康診断を行う病院と相談しましょう。

父は「病気じゃない」と言い張って、病院に行こうとしませんでした。区から健康診断の案内が来たので「保健所に行こう」と誘って、ようやく受診できました。

家族 女性

家族だけで相談に行く

　どうしても本人が診察を受けてくれなければ、家族だけで相談にいくこともできます。日常生活の注意点や今後の方針など、アドバイスを受けられると少し肩の荷がおろせるかもしれません。

Q4 認知症の相談先には、どんなところがあるの？

行政、民間団体、医療機関など さまざまな相談窓口があります

「ひょっとしたら認知症かも？」「認知症と診断されたけれど、今後どうしたらいい？」など、本人の状態や環境などによって認知症に関する悩みや相談事はさまざまです。相談できるところは全国各地にあるので、ためらわずに相談してみましょう。家族だけの相談も可能です。

地域包括支援センター

介護や福祉に関する地域の総合相談窓口です。在宅介護などに関する相談を受け付けています。介護保険の申請や、成年後見や虐待防止などの高齢者の権利を守る取り組みも相談できます。

家族 男性

> 高齢者の生活に関する総合相談窓口的機関です。最初に相談してみるとよいでしょう。

保健所、保健センター

地域の医療機関を教えてもらえるほか、自治体によっては、保健所や保健センターには認知症についての相談窓口があります。

> 保健師さんが自宅に来て面談してくれて、父に認知症の相談ができるクリニックを紹介してくれました。医療機関に比べて保健所には抵抗感がない人が多いので、おすすめします。

家族 女性

病院の医療福祉相談室

医療ソーシャルワーカーなどが、病気の心配ごとをはじめ、医療費や生活費の不安、介護保険など医療・福祉に関する相談に応えてくれます。

認知症疾患医療センターの相談窓口

認知症疾患医療センターは、地域での認知症医療提供体制の拠点です。地域住民からの相談にも対応しています。

公益社団法人認知症の人と家族の会

認知症本人と家族、支援者や専門職による団体で、電話相談や、本人や家族のつどいを行っています。全都道府県に支部があります。

地域の家族会や介護者の会

当事者家族や支援者が運営している草の根のグループが各地にあります。

認知症カフェ

本人やその家族、医療や介護の専門職、地域の人など誰もが気軽に参加できる「集いの場」です。市町村や医療機関、民間団体など、さまざまな団体が運営しています。

家族 女性

父に異変が起きたとき、何が起きているのか不安になり介護者の会に相談しました。これが認知症を知るきっかけに。病院に行って診断されるより、まずは家族が病気についてよく知ることのほうが大切だと思います。

相談は、直接、相談機関を訪ねるだけでなく、下記のように電話での相談に応じてくれる団体もあります。

主な電話相談
●公益社団法人　認知症の人と家族の会　電話相談 土・日・祝日を除く毎日 午前10時〜午後3時 URL：http://www.alzheimer.or.jp/ 電話番号：0120-294-456（無料） 携帯、PHSは075-811-8418（通話有料）
●公益財団法人　認知症予防財団　認知症110番 月・木（祝日と年末年始を除く） 午前10時〜午後3時 URL：https://www.mainichi.co.jp/ninchishou/ 電話番号：0120-654-874（無料）
●特定非営利活動法人　若年認知症サポートセンター 月・水・金 午前10時〜午後5時 URL：http://jn-support.com/ 電話番号：03-5919-4186

2018年6月の情報

Q5 認知症とわかったら周囲に告知しておいたほうがいい?

A. 生活に支障が出てきたら、近隣の人たちに知らせておくと安心です

　買い物に行って道がわからなくなったり、約束の時間や場所を間違えたりして<u>生活に支障が出てきたタイミング</u>で、職場や近隣には伝えたほうがいいでしょう。

　この先、症状が進んで周囲から誤解され孤立してしまう前に、認知症であることを伝えて見守ってもらうようお願いしましょう。特に、ひとり暮らしの場合は、近隣の協力は不可欠です。今の状態や協力してほしいことを説明し理解を得るようにしてください。

　ただし、誰にでも公表する必要はありません。人となりがわかっていて安心して相談できる友人知人や、行きつけのお店や近所の交番など普段の生活で頼りたい人だけに伝えても構いません。

家族 男性

> 母は散歩のついでに交番に立ち寄ることが多いため、おまわりさんに認知症であることを伝えています。母が道に迷ったときも、声をかけて保護してくれるので安心でした。

> 認知症であることは伏せ、介護をしていることは近所にオープンにしていました。親族には認知症だと伝え、グループメールで連絡していました。すべてのやり取りを全親族が見るので、個別の説明が不要なのは楽ですよ。

家族 男性

義母が認知症であることを親しい親戚に伝えました。ところが、義母と法事で会ったその親戚から、「いつもと変わらなかったよ。認知症なんて、あなた何言ってるの！」と怒りの電話が…。

家族 女性

1人暮らしの父が認知症であることを隣近所に伝えたところ、見守りなど、快く協力してくれると言ってくれましたが、火の不始末を心配する方がいました。ケアマネジャーとも相談しIHクッキングヒーターに交換したことを伝えたところ、安心してもらえました。

家族 女性

ケアマネ

認知症であることを周囲に知らせるのは、やはり勇気がいるため、知らせないことを選択する家族が多いのが現状です。しかし、専門職と家族だけで支え続けるのは大変です。直接的に介護に加わってくれなくても、気にかけてくれる人が周囲にいるだけで安心感が違います。

上手くいかないケースも… 近隣に認知症を公表すると、クレームが増えることもありました

近隣に公表したらクレームが頻繁に入るようになったケースがあります。夜間に大声を出すと「迷惑です、なんとかして」と言われたり、階段を下りる手助けをお願いすると「危険だから、そういう手伝いをさせないで」と言われたり。近所に協力してほしくても、ときには逆効果になる場合もあります。

Q6 これからどうなっていくか不安…。認知症になっても住み慣れた家で暮らせる?

A. 医療・介護態勢をしっかり確保すれば、最期まで自宅で暮らすことは可能です

家族が認知症になると、先の見えない介護に不安を覚え、自宅で介護し続けるのは無理だと考える家族も少なくないでしょう。しかし、**デイサービス**や**ショートステイ**、**ヘルパー**や**訪問看護**を利用すれば、在宅介護を継続できる可能性は高まります。「訪問」「通い」「泊まり」を組み合わせた**小規模多機能型居宅介護**というサービスもあります。医療的な措置が必要になったら、ホームヘルパーや看護師が夜間に定期的に訪問してくれ、自宅への緊急呼び出しにも対応してくれる**定期巡回・随時対応型訪問介護看護**を利用すれば、さらに手厚いサービスが受けられます。

医療も在宅で受けられます。**在宅療養支援診療所・病院**では、24時間体制で訪問診療や訪問看護を提供しており、在宅での看取りも可能です。地域包括支援センターやかかりつけ医、ケアマネジャー、自治体などに問い合わせて探してもらいましょう。在宅介護を継続するためには、情報を積極的に入手しようという姿勢が大切です。

家族 女性

> 自分ひとりで介護を抱え込んで、思いつめるのはよくありません。いろんなサービスや施設を上手く使いましょう。

● 認知症の進行と必要な支援

	自立	軽度	中等度	重度	終末期
本人の状態	・名前やものを忘れたりするが、年相応の老化と区別がつかない	・重要な約束を忘れたり、仕事や家事でのミスが目立つようになる ・同じことを何度も聞いたり、ものの置き場所がわからなくなったりする ・比較的、日常生活は普通に送れる	・同じものを何度も買い込んだり、買い物がうまくできなくなる ・服薬管理、金銭管理ができなくなる ・外出先で迷うことが増える	・食事や排泄、入浴を一人で行うのが難しくなる ・適切な服が選べなくなる ・歩行が不安定になり、転倒が増える	・ほぼ寝たきりになる ・言葉でのコミュニケーションが難しくなる ・表情が乏しくなる
必要な支援	特になし	家族などの見守りが必要	部分的に家族や専門職の介助が必要	日常生活全般に介護が必要	介護なしでは生活が困難

利用できるサービス

かかりつけ医				
かかりつけ薬局				
	認知症疾患医療センターなど、認知症専門病院・クリニック			
			在宅療養支援診療所など訪問診療に対応できる医療機関	
	地域包括支援センター			
		居宅介護支援事業所 (ケアマネジャー)		
	介護予防訪問介護	訪問介護		
	介護予防通所介護・通所リハ	通所介護、通所リハビリ		
	介護予防訪問看護・訪問リハ	訪問看護、訪問リハビリ		
		定期巡回・随時対応型訪問介護看護		
		小規模多機能型居宅介護		
		ショートステイ		
日常生活自立支援事業				
	成年後見制度			
家族会や認知症カフェなど、気軽に相談できる場所				

認知症のタイプによって症状は異なります

●アルツハイマー型認知症
脳が萎縮することによって起こります。認知症の中で一番患者数が多く、男性より女性によく見られます（若年性では逆です）。症状は、もの忘れからはじまり、判断力の低下や自分がどこにいるかわからないといった見当識障害のほか、もの盗られ妄想などが見られる場合もあります。

●レビー小体型認知症
レビー小体と呼ばれる物質が脳内に蓄積します。幻視やパーキンソン症状が現れるのが特徴で、頭がはっきりして調子のよいときと、ぼーっとしているときを繰り返しながら進行します。

●脳血管性認知症
脳梗塞や脳出血などの脳血管障害が原因で、再発するたび段階的に進行します。もの忘れをしたり計算ができなくなったりしても、判断力や培ってきた専門知識などは維持されている場合も多くあります。

●前頭側頭型認知症（ピック病、意味性認知症）
前頭葉や側頭葉の萎縮によって起こります。行動の異常や人格の変化、言語障害が見られます。ぼんやりしたり引きこもったり、感情がマヒしたりするほか、断りもなく商品を持ってきてしまうなど社会的逸脱行為が見られることもあります。

●若年性認知症
64歳以下で発症する認知症で、脳血管性認知症とアルツハイマー型認知症の2つが多くを占めます。仕事や生活に支障をきたすと早期に気づかれやすいものの、年齢の若さからうつ病や自律神経失調症などと間違われることもあります。

第2章

介護態勢をつくる

> ひとりじゃとても支えられない！

家族や専門職、チームで支えるためのQ&A

第2章 介護態勢をつくる 家族や専門職、チームで支えるためのQ&A

ひとりじゃとても支えられない！

Q7 介護するのははじめてで何をしたらいいかわからない。どうすれば上手くいく？

A. 別居家族や専門職も含めたチームを作って介護の負担を分散させましょう

認知症は進行に応じて多くの手が必要になっていきます。夫婦だけでなく息子、娘、孫など家族全員を介護に巻き込むようにしましょう。幼い孫でも、認知症の人の話を聞くなど、任せられる役割はあります。

家族が遠方に住んでいる場合は日常的な介護は難しいですが、チームの一員に加わってもらい、できることをやってもらうようにしましょう。近所の親しい友人も頼りになる存在です。要介護認定が下りれば、医療・介護の専門職もチームの一員に加わります。

看護師

老老介護の場合は、高齢の介護者が突然亡くなったり入院したりすることもあります。日頃から家族でチームを作っておけば、そんな緊急事態にも対応できます。

チームづくりにはキーパーソンが必要です

　介護するチームをつくる場合、司令塔となるキーパーソン※は不可欠です。誰がキーパーソンになるかは、はじめに相談して決めましょう。

　キーパーソンの主な役割は、負担が特定の家族に集中しないように、手伝ってくれる人たちの間で介護を分担することです。そのために、メンバーへの連絡方法はどうするか、遠方の家族にはどのように協力してもらうか、介護保険をどう利用するか、介護にかかるお金の負担はどうするかなどを、本人や家族、ケアマネジャーなどの専門職と考えていきます。

ケアマネ

特定の人に負担が偏ると、「介護しているのは私でしょ！」と、他の人の意見を聞き入れなくなることもあります。そうならないためにも、役割分担を明確にしてお互いに理解し合うことは大切です。

家族 女性

夫の親を介護するときに、兄弟で分担しました。長男の夫と私は介護の内容などを決める担当、次男は介護に関わる契約の一切を担当、三男は契約とお金の管理を担当し、それぞれ担当者に全面的にまかせました。おかげで介護もスムーズに進み、相続は揉めることなく3分割となりました。

※キーパーソン……ケアマネジャー、地域包括支援センター、ヘルパー、デイサービスなどと日常的に連絡を取り合い、相談しながら物事を決定するなど、介護の中心となる人物。

頼りになる専門職

- ケアマネジャー（介護支援専門員）
  要介護者が心身の状況に応じた適切なサービスを利用できるようケアプランを作成します。長期的に要介護者と関わり、家族の相談相手になり、必要に応じてケアプランの見直しを行います。介護・医療チームの中心的役割を担います。
- ホームヘルパー
  介護が必要な方の住まいを訪問し、自宅で自立した生活ができるように、食事、排泄、入浴、清掃などの介助（身体介護・生活援助）を行います。
- 訪問診療医
  認知症や寝たきり、体力低下などで通院が困難な人のために、自宅を定期的に訪問して在宅療養を支援します。
- 訪問看護師
  病気や障害などで療養中の人の自宅を訪問して、療養生活のお世話や診療の補助を行ないます。
- 理学療法士（PT）
  起き上がる、立ち上がる、歩くなど日常生活で必要な基本動作ができるように、身体の機能回復をサポートします。
- 作業療法士（OT）
  日常生活の動作や手工芸、園芸、レクリエーションまであらゆる作業活動を通して、身体と心のリハビリテーションを行います。
- 言語聴覚士（ST）
  言葉によるコミュニケーションに問題がある人に、リハビリテーションを提供します。摂食・嚥下の問題にも対応します。
- 福祉用具専門相談員
  福祉用具の貸与や販売を行っている事業所で、福祉用具に関する専門的知識に基づく助言を行います。

●訪問歯科
歯科医院への通院が困難な人の自宅を歯科医師や歯科衛生士が訪問し、治療や口腔ケアを行います。

●訪問薬剤師
薬の内服が不規則になりがちな人のために、薬剤師が自宅を訪問して薬をセットしたり、薬によって問題が生じないかチェックします。

●保健師
自治体で働く保健師は「行政保健師」と呼ばれ、保健所や保健センターに所属し、地域の住民の保健指導や健康管理を行います。乳幼児から高齢者まで幅広い世代とかかわり、認知症高齢者の家庭を訪問し、相談に乗るなどしてくれます。基本的には、地域包括支援センターにも配置されることとなっています。

●社会福祉士（ソーシャルワーカー）
職種名ではなく、社会福祉専門職の国家資格をもつ人が名乗ることができます。心理的・身体的・経済的困難をもつ人の相談を受けて、医療機関や施設、あるいは必要な制度につなぎます。基本的には、地域包括支援センターには1名の社会福祉士が配置されています。病院の相談室などにも医療ソーシャルワーカーが配置され、退院後の生活の相談に乗ったりしてくれます。

家族や専門職と上手に介護を分担するコツは？

家族全員が介護に関われるようスケジュール調整を。認知症の人の情報を家族で共有することも大切です

　要介護認定が下りて介護保険を利用できるようになっても、すべての介護を専門職にまかせることはできません。サービス内容とスケジュールを決める際は、家族の予定や都合を念頭に置いて検討しましょう。

家族のスケジュールに合わせて、サービスを入れる

- 土・日が休みの家族がいる
  →平日に訪問介護を入れる
- 大学生の子どもが火曜日は早く帰ってくる
  →デイサービスを火曜日にして、子どもに家でのお迎えを任せるなど
- 年に一度は家族が集まれる日をつくる
  →サービス担当者会議（ケアカンファレンス）を開き、情報のすり合わせをする

家族 男性

両親が親の介護をしていないと、子どもも祖父母の介護に関わろうとしません。自分の将来のためにも、介護を専門職にまかせきりにせず、家族全員で分担することが大切だと思います。

「家族だから当然」はNGです

キーパーソンは、家族であっても「これ、やってもらえる？」「これやってくれたら助かる」とお願いする態度で声かけをすることが大切です。「家族なんだから、やるのは当たり前でしょ！」という態度はNGです。また、認知症の人の情報を家族全員で共有することも大切なポイント。メールやSNSなどによる報告・連絡を怠らないことが、家族の協力意識の向上や結束につながります。

> 夫の兄弟は不仲でしたが、親の介護を分担している間に仲が修復されました。家族が不仲でも最初からあきらめずに、まずは話し合ってみましょう。難しいときは、お金だけ負担してもらう形でもいいでしょう。

家族 女性

別居家族が介護に協力的じゃない…

遠くに住んでいることを理由に介護へ協力的でない場合は、往復の交通費を渡して来てもらったり、逆にお金を援助してくれるように交渉したりするのも手です。また、「一緒に住んでいないからわかってもらえない」と感じたときは一泊してもらい、認知症の人の夜間の様子も含めて見てもらうといいでしょう。別居家族を介護に巻き込むことが困難なときやストレスになるときは、無理強いする必要はありません。

家族 女性

> 子どもたちを集めて、介護に参加した子どもには相続〇％、参加しない子どもには相続を減らすと、弁護士立ち合いの下で話し合いを持った知人がいます。亡くなったあと、きょうだいの関係をこじらせないためのいい方法だと思います。

Q9 誰かが仕事をやめないと介護できない？

A. 仕事はやめないほうがよいでしょう。介護と両立できる方法を考えましょう

認知症が進行し介護が大変になると、仕事をやめるかどうか悩む家族も少なくありません。しかし、介護が終わっても、自分の人生は続きます。自分と家族の将来のために、仕事はやめないことをお勧めします。

仕事をやめるデメリット

- 月々の収入がなくなる
- 将来受給される年金も減額される
- 親の年金で暮らす場合、亡くなったら無収入になる
- 仕事が生きがいになっていた場合、喪失感が大きい

家族 女性

将来、「母のせいで仕事をやめた」と思わずにすむように、仕事をやめずに母を自宅に引き取りました。介護中は大変でしたが、結果的によかったと思っています。

それでは、仕事を続けるためにはどうすればいいでしょうか。

まず、親が認知症で介護が必要になったことを、勤務先にオープンにしましょう。状況を理解してもらえば、有給・無給で休みをとったり、残業せずに退社する日がつくりやすくなったりするでしょう。介護休業・介護休暇の制度を採用している企業であれば、制度をフルに活用しましょう。介護保険と介護保険外の自費サービス、また地域の支え合い活動などをうまく組み合わせて介護を充実させることも重要です。

介護休業・介護休暇制度

●介護休業

要介護状態の家族を介護するために、対象家族1人につき通算して93日まで休業できます。93日の休業は3回までなら分割して使えます。

●介護休暇

要介護状態の家族の介護をするために、1年に5日まで（対象家族が2人以上の場合は10日まで）休暇をとることができます。

介護休業は、実際に自分が介護するのに使うのではなく、介護のプランをつくる時間にあてましょう。93日を初期、中期、終末期というように、3分割して使うのがお勧めです。

家族 男性

家族 男性

家族でチームを作りましたが、主要メンバーは全員が働き盛りのため、平日は介護に関わる事務手続きに時間を割くことができませんでした。そこで、土曜日・日曜日も対応してくれるケアマネジャーを探しました。

親の介護のために仕事を辞めるということを否定するものではありませんが、介護はお金がかかるため経済的に困窮するケースも見てきました。また、介護以外の生活が狭くなるため、かえって精神的・身体的に疲弊してしまうこともあります。

ケアマネ

Q10 介護がつらくて息切れしそう…。何かいい方法はある?

A. 介護には気持ちの切り替えが大切です。できるだけ自分の時間をつくりましょう

　介護がはじまると、これまでの生活から多少のダウンサイジングは必要です。毎年夫婦で海外旅行に行っていた、週末は家族みんなで外食をする習慣だった、日曜日は趣味に没頭していた、金曜の仕事帰りは友人と会っていた、毎朝ジョギングするのが習慣だったなど、自分の楽しみや家族のイベントは、ある程度あきらめざるを得ません。

　何をやめるかやめないか、何を減らすか減らさないかをよく検討したうえで、自分にとって大切な時間を選択しましょう。楽しい時間を過ごせるイベントを確保しておけば、気持ちを切り替えて、再び介護に向き合うことができるでしょう。

家族 男性

友人や仕事仲間とのお酒のつきあいも、今まで通りにはできません。自宅に友人たちを呼ぶようにするなど、自分にとっての楽しい時間を減らさないための工夫をしましょう。

子育てが終わり、夫婦旅行などを計画していましたが、両親の介護で多くのことをあきらめました。最近ショートステイを利用するようになって、ようやく旅行に行けるようになりました。

家族 女性

負担が特定の人に集中していれば、見直しを

　Q7、Q8 でも触れましたが、特定の人に負担が集中しないように役割分担をすることが大事です。そのためにもデイサービスやショートステイなどの介護保険サービスを活用しましょう。

　また、各自治体や民間業者が提供する介護保険外サービスの活用も検討できます。幅広いサービスを利用できるので、介護負担を軽くするには有効です。住んでいる地域によって使えるサービスは異なるので、介護保険外サービスを併用する場合は、担当のケアマネジャーに相談してください。

家族 女性

> 旅行が好きだった母のため、また、自分のリフレッシュも兼ねて、まだ体が動くうちにちょっとした旅行をしたいと考えています。介護旅行の業者も増えていろいろな選択肢があるので、選んでいるだけでも楽しいです。

ココがポイント！ 一番大切なのは一人で抱え込まないこと

　両親のダブル介護でしたが、父が大変な時に妹に来てもらいました。でも「いつもと変わらないじゃない」と言われてしまいました。もっと早くから情報を共有し、こまめに連絡しておけばよかったと思います。

　介護者の会や家族会、認知症カフェなど、話を聞いてもらえ、相談できる場所をつくりましょう。

第3章

介護サービスを使う

専門職の支援を
上手に使いたい

「介護保険」を使うための Q&A

第3章 介護サービスを使う
「介護保険」を使うためのQ&A

> 専門職の支援を上手に使いたい

Q11 介護保険ではどんなサービスが受けられる?

A. 「居宅」「地域密着型」「施設」 大きくわけると3種類のサービスが使えます

　介護保険で使えるサービスは、大きく分けて「居宅サービス」「施設サービス」「地域密着型サービス」の3種類がありますが、制度上の分類でもありわかりにくいものです。また、各サービスの正式名称も「?」と感じるものが少なくありません。まずは大づかみで感覚的に理解できるよう、主な介護保険サービスを右の表にまとめました。制度上は、特定施設入居者生活介護は居宅サービスに分類されますが、右表では自宅かそれ以外かなど、サービスを受ける場所で分けています。

家族 女性

> 介護をするようになって、とまどったことのひとつが介護保険制度の複雑さや聞き慣れない制度名や専門用語です。知らないではすまないので勉強しましたが、なかなか覚えられません。その点、家族会や認知症カフェで介護の先輩から話を聞くと、自然に学べるので、そうした観点からもお勧めです。

主な介護保険サービス 　[　]内は通称

居宅サービス	施設サービス	地域密着型サービス
自宅で暮らす人が利用するサービス	施設で暮らす人が利用するサービス	自宅（またはグループホーム）で暮らしながら、居住地限定（地域密着型）で利用するサービス
訪問系：担当者がやって来る 訪問介護［ホームヘルプサービス］ 訪問入浴 訪問看護 訪問リハビリテーション　など **通所系**：施設に出かけていく 通所介護［デイサービス］ 通所リハビリテーション［デイケア］ 短期入所生活介護［ショートステイ］など	介護老人福祉施設［特養ホーム］ 介護保健施設［老健］ 介護療養病床（経過措置期間） 介護医療院※1 特定施設入居者生活介護※2 ［有料老人ホーム］　など ※1　介護医療院 2017年に成立した改正介護保険法により、廃止が決まっている介護療養病床の転換を主目的に介護医療院が創設された。医療の必要な要介護高齢者の長期療養・生活施設で、医療ニーズの高い認知症の人も対象となる。 ※2　特定施設入居者生活介護 有料老人ホーム（有料老人ホームに該当するサービス付き高齢者向け住宅もある）、ケアハウス（軽費老人ホーム）、養護老人ホームなどは「特定施設」と呼ばれ、特定施設で暮らす要介護高齢者の日常生活の世話、機能訓練、療養上の世話を行うサービス。 介護保険法上では、左の居宅サービスに分類されるが、自宅以外で暮らすという意味合いから、ここでは施設サービスに含めている。	認知症対応型通所介護［認知デイ］ 地域密着型通所介護［小規模デイ］ 認知症対応型共同生活介護［グループホーム］ 小規模多機能型居宅介護［小規模多機能、小多機］ 看護小規模多機能型居宅介護［看多機］ 定期巡回・随時対応型訪問介護看護［24時間サービス］　など ※併用できないサービスもあります。

※他に福祉用具サービス、住宅改修サービスなどがある。

各サービスをもう少し詳しくみてみましょう（ここでは制度上の分類としています）。

居宅サービス

ヘルパーなどが利用者の自宅を訪問して行う「訪問系」のサービス、利用者がデイサービスなどの施設に出かけていく「通所系」のサービス、そして福祉用具のレンタルや住宅改修などのサービスがあります。

サービス一覧

- 訪問介護（ホームヘルプサービス）
- 訪問入浴介護……浴槽を積んだ入浴車が訪問してくれ、入浴の介護を行う
- 訪問看護
- 訪問リハビリテーション
- 居宅療養管理指導……通院ができない人の自宅を医師や歯科医師、看護師、薬剤師などが訪問し、指導、助言を行う
- 通所介護（デイサービス）
- 通所リハビリテーション（デイケア）
- 短期入所生活介護（ショートステイ）……数日から最大30日間、施設に入所して生活する。家族の介護負担軽減も目的
- 短期入所療養介護（医療ショート）
- 特定施設入居者生活介護（有料老人ホーム）……P41参照
- 福祉用具貸与（特定福祉用具販売）
- 住宅改修

施設サービス

特別養護老人ホーム（特養）、介護老人保健施設（老健）などで行われるサービスです。どちらも利用者は24時間体制で介護を受けることができます。特養の入所は原則として要介護3以上の利用者で、長期の入所が可能。日常生活の介助やリハビリを介護職員や看護師などが行います。老健は、医療管理下で看護、介護、リハビリを受けられます。在宅復帰を前提としたサービスのため3か月で退所することが原則です。

介護療養病床は、医療的なケアを必要とする利用者が対象です。2017

年の改正介護保険法により廃止が決定され、その転換先として、2018年4月に介護医療院が作られました。これは医療ニーズの高い利用者の長期療養・生活施設とされます。

サービス一覧

- 介護老人福祉施設（特養）
- 介護老人保健施設（老健）
- 介護療養病床（2023年度末まで経過措置期間が設けられた）
- 介護医療院……P 41 参照

地域密着型サービス

　その地域に住んでいる（住民票がある）人のみ受けられるサービスです。認知症対応型通所介護（認知デイ）のほか、小規模多機能、夜間対応型訪問介護、24時間サービス、認知症高齢者を対象とするグループホームもこのジャンルに入ります。

サービス一覧

- 定期巡回・随時対応型訪問介護看護……訪問介護と訪問看護の両方を、日中・夜間を通して、定期巡回と随時の対応で提供する
- 夜間対応型訪問介護……夜間に訪問してくれる訪問介護。定期巡回と随時対応がある
- 地域密着型通所介護……居住地の人だけが使える少人数のデイサービス
- 療養通所介護……常に看護師の観察を必要とする利用者のデイサービス
- 認知症対応型通所介護……認知症の人のためのデイサービス
- 小規模多機能型居宅介護……「施設に通う」を中心に、「泊まる」「訪問」を組み合わせて利用できる
- 認知症対応型共同生活介護……認知症の人のグループホーム
- 地域密着型特定施設入居者生活介護……定員30人未満の有料老人ホームなど
- 地域密着型介護老人福祉施設入所者生活介護……定員30人未満の特別養護老人ホーム
- 看護小規模多機能型居宅介護……看護師の訪問が加わった小規模多機能型居宅介護

介護保険サービスを利用するには

　介護保険サービスの利用を希望するときは、地域包括支援センター、または市区町村の窓口に申請します。書類を提出すると訪問調査が行われ、その結果と主治医の意見書をもとに要介護度を判定します。申請方法がわからない場合は地域包括支援センターの担当窓口に相談しましょう。

介護保険の申請から認定、サービス利用まで

1. 申請
　地域包括支援センター、または介護保険を担当する市区町村の窓口に申請する。

2. 訪問調査
　訪問調査員が自宅や入所施設、入院先の病院などを訪問し、本人の心身の状況を聞き取り調査する。主治医からの医学的な意見書の作成を依頼する。

3. 訪問調査の審査
　調査した項目を全国一律の基準でコンピュータで判定（一次判定）する。その項目のほかに調査で聞き取った必要な内容を「特記事項」としてまとめる。

4. 審査判定（二次判定）
　訪問調査の結果と主治医の意見書をもとに「介護認定審査会」で要介護度を判定する。

5. 認定結果の通知
　判定結果に基づき、市区町村が要介護（要支援）認定区分（自立、要支援 1、2、要介護 1、要介護 2、要介護 3、要介護 4、要介護 5）を決定し、申請者に通知する。

6. ケアプランを作成
　要介護度に応じて、利用するサービスや種類・回数を決めるケアプランをケアマネジャーが作成する。

7. サービス利用
　ケアプランに基づき、サービス提供事業者または介護施設などと契約しサービスを受ける。

ココがポイント！ 認知症の人が利用しやすいサービスはこれ！

認知症の人は、自分のいる場所がわからないなど、周囲の環境の変化に対応できなくなり、不安や混乱を感じることが少なくありません。認知デイ（認知症対応型通所介護）は定員10名前後と小規模で、個別対応もしてくれるので認知症の人に向いています。

小規模多機能型居宅介護（小規模多機能）や看護小規模多機能型居宅介護（看多機）は「通所」「訪問」「泊まり」利用時に同じスタッフが対応できるため、認知症の人に向いています。小規模多機能は、デイサービスを中心に、要介護者の状態や希望に応じて、随時自宅への訪問介護や同じ施設内のショートステイを組み合わせたサービスを提供します。看多機は、小規模多機能に訪問看護を組み合わせたサービスです。いずれも、中重度になっても在宅での生活が継続できるように支援できます。

家族 男性

認知デイに通っていた母は、送迎の時間に起きられなくなり、利用時間が自由な小規模多機能を利用するようになりました。お迎えは昼過ぎ、夕食と入浴を施設ですませて帰宅。そのままベッドへという生活パターンができました。時々、お泊まりも利用しました。

東京と長野で両親の遠距離介護をしていました。90を超える高齢でしたが、自立志向の強い父で介護サービスをなかなか利用しようとしませんでした。しかし、ケアマネの勧めで利用し始めた小規模多機能では、いつも母と一緒に生活できるので安心してくれました。最後の看取りの時は、母と隣り合ったベッドで過ごすことができ、母に見送られて旅立つことができた父は幸せでした。

家族 女性

第3章 介護サービスを使う 「介護保険」を使うためのQ&A

45

Q12 認定調査を受ける時にはどんなことに注意が必要？

A. ありのままの状態を正確に伝えることが、適切な介護サービス利用につながります

　認定調査の結果は、要介護度に大きく影響します。それぞれの利用者に適した介護サービスを利用するには、訪問調査員にいつもの状態を正確に伝えることが大切です。

　上手く伝えられるか心配な場合は、メモを活用しましょう。日々の生活で不便に感じていることを事前にメモしておき、困りごとや状況をできるだけ具体的に伝えましょう。

　ただし、実際よりもオーバーに伝えるのは禁物です。主治医の意見書と合わないため再調査になることもあるので注意してください。

訪問調査員は、どこをポイントとして見ている？

　要介護度は病気の重さではなく介護に要する手間で判定されます。ですから、誰が、いつ、どのような介護をしているか、認知症の人の一日のタイムスケジュールはどうなっているかが重要です。また、本人が困っている行動などがあったときは、「いつ、どのようなことがあったのか」を記録した"お困りメモ"で正確に伝えることが大切です。

家族 男性

認知症の人は訪問調査員の前では、いつもはできないことを「できる」と答えてしまうことが珍しくありません。これでは正確な認定をしてもらえないので、家族は訪問調査員と、本人とは別室で面談したほうがいいですよ。

メディカ出版のおススメ！

2018 / 8

新刊 看護管理

ナーシングビジネス 2018年夏季増刊
看護マネジメントのための診療報酬・介護報酬解説BOOK
2018(平成30)年度改定対応版
看護政策・経営学で読み解く

看護の現場に直結する内容をピックアップして徹底解説！
管理業務にうまく活用するノウハウが満載の必読本！

大島 敏子 監修
松下 博宣 編著

病棟経営の必須知識・今後の方向性が見える

●定価（本体2,800円＋税） ●B5判 ●168頁 ●ISBN978-4-8404-6427-7 web 130211851

新刊 老年看護

オールカラー

認知症患者さんの病態別食支援
安全に最期まで食べるための道標

四大認知症の嚥下障害の特徴がわかり、患者と介護者にとって無理のない食支援が施設・在宅で実現できる！

野原 幹司 著

認知症別の食支援で介護ストレスも減少

●定価（本体2,600円＋税） ●B5判 ●152頁 ●ISBN978-4-8404-6549-6 web 302270790

新刊 リハビリテーション医学

内部障害リハビリテーションの驚くべき効果
ねころんで読める新しいリハビリ

内部障害リハビリテーションの対象、効果、実践の基本を第一人者が解説！一般病棟や外来でもすぐに役立つエッセンスが満載！

上月 正博 著

目からウロコの新リハビリ指南書

●定価（本体3,400円＋税） ●A5判 ●208頁 ●ISBN978-4-8404-6540-3 web 402010540

※消費税はお申し込み・ご購入時点での税率が適用となります。 web メディカ出版WEBサイト専用検索番号

看護管理 【新刊】

医療安全BOOKS 7
患者・家族の意思決定、現場の判断を支え〔る〕
"やさしい"臨床倫理フレームワーク
困ったとき、現場で役立つ3つの視点

「患者の意思」「医学的妥当性」「社会的妥当性」による3視〔点〕
図を用いて倫理的判断の導き方をわかりやすく解説！

日本医療マネジメント学会／
坂本 すが 監修　兼児 敏浩 編著

●現場スタッフが遭遇しがちな事例満載！

●定価（本体2,500円＋税）　●A5判　180頁　●ISBN978-4-8404-6531-1　web 301050410

看護実践力と指導力がぐんぐん伸びる！

手術・麻酔　　　　　　　　　　　　　　　　　　　　　　　　オールカラー

オペナーシング 2018年春季増刊
29症例でイメージできる！ 麻酔科医の考え方がわかる！
麻酔看護　先読み力UPブック

麻酔トラブルの対応ポイントが症例マンガを通してバッチリ〔学〕
べる！先を読んだ介助・アセスメントにつなげられ、トラブル〔対〕
応にも自信がつく！

●麻酔科医の考え方の道筋が身につく！

森本 康裕／駒澤 伸泰 編著

●定価（本体4,000円＋税）　●B5判　240頁　●ISBN978-4-8404-6253-2　web 130031850

脳・神経　　　　　　　　　　　　　　　　　　　　　　　　　オールカラー

ブレインナーシング 2018年春季増刊
脳神経疾患病棟
新人ナースがかならずぶつかるギモンQ&A 190

新人・後輩指導に役立つ！！
まずはじめに知っておきたい、しっかり教えたい脳神経領域〔の〕
必須の疾患、治療、ケアをエキスパートがていねいに解説！

日本脳神経看護研究学会 監修

●プリセプター&新人を迎える病棟スタッフ必読！

●定価（本体4,000円＋税）　●B5判　272頁　●ISBN978-4-8404-6239-6　web 130021850

糖尿病　　　　　　　　　　　　　　　　　　　　　　　　　　オールカラー

糖尿病ケア 2018年春季増刊
基礎から最新情報までダイアちゃんと楽しく学ぶ！ 患者指導に使え〔る〕
糖尿病もりもりスキルアップドリル

一問一答形式で必須知識を網羅！各設問には難易度が示さ〔さ〕
れ、新人からベテランまで活用できる！個人学習はもちろん〔、〕
院内勉強会にも使える！

水野 美華 編集

●ダウンロードして患者に渡せる
○×クイズつき！

●定価（本体4,000円＋税）　●B5判　240頁　●ISBN978-4-8404-6412-3　web 130181850

Q13 本人が介護サービスを受けたがらない。どうすればいい?

A. 不安感や警戒心が和らぐよう安心感を与える対応を工夫しましょう

　環境の変化が苦手となっている認知症の人にとって、訪問介護や訪問看護で初めて会う人が家の中に入ってきたり、デイサービスなどで知らない場所に行ったりすることは、強いストレスがかかります。しかし、介護サービスを嫌がって拒否する人でも、家族や介護スタッフの接し方によってサービスを利用できるようになることも少なくありません。

ケアマネ

> 最初は安心してもらうため、ヘルパーには利用者の視野に入るところだけ掃除してもらいました。効率優先はNGで利用者のペースに合わせてゆっくりと。家族は訪問介護が始まる前にケアマネジャーとサービス導入の仕方について話し合っておくといいですよ。

> あいさつもそこそこに台所で洗い物を始めたヘルパーさんがいました。すると、母は「帰れ!」と憤慨してしまいました。台所は自分のテリトリーなので、そこに勝手に入ったことが怒りを誘ったのです。

家族 男性

家族 女性

> ケアマネや訪問介護事業所のサービス提供責任者は、「ヘルパーの●●さんです」と紹介しがちですが、それでは本人に警戒されて上手くいかないケースが多いようです。

どうすれば安心して受け入れてくれるか考えよう

　例えば、初めてホームヘルパーが訪問したときは、「ヘルパーの〇〇さんですよ」ではなく「友達の〇〇さんとスーパーでばったり会ったからお茶に誘いました」などと、親しみを感じさせる紹介をすると受け入れてもらいやすくなります。認知症の人に嘘をつくのはどうかと考える向きもあるでしょうが、本人を傷つけるものでなければ、安心感を与えるためのコミュニケーション手段と考えてもよいのではないでしょうか。
　デイサービスなどの通所サービスは最初の一歩が難関です。デイサービス拒否を起こさせないよう細心の注意を。
　見学には、家族や友人など気の置けない何人かで一緒に行きましょう。散歩や買い物のついでに、「知っているところだから、ちょっと休んでいかない？」と誘ってみるのもいいでしょう。いずれの場合も、事前に施設に伝えておくといいですよ。

父は、最初は頑なにデイサービスを拒否していました。娘の私ひとりで見学に行き、責任者の方に父の状態を詳しく説明しました。父の関心は歩くことにあると伝えた結果、毎回のメニューに歩行訓練を取り入れてくれました。デイから帰ると、「他の人が塗り絵をしている間、自分だけが室内を歩いているんだ」と父は自慢げで、それからは徐々にスタッフの方たちとも打ち解けて、喜んでデイサービスに通うようになってくれました。

家族 女性

家族 女性

お迎えの方を待たせては悪いと思い、前の晩に「明日は〇時に起きて着替えをしましょう」と伝えたところ、その晩は眠ってくれませんでした。家族会で、事前の説明は混乱のもとと言われました。

Q14 いいケアマネジャーを見つけたい。どこで探せばいい?

A. もっとも良い方法は、介護サービス利用経験者の口コミを参考にすることです

　市区町村から介護認定の通知が届いたら、次にやるべきことはケアマネジャー（介護支援専門員）を見つけることです。ケアマネジャーは、介護を必要とする人や家族の相談や助言、利用者の状態に合ったケアプラン（居宅サービス計画書）の作成、実際にサービスを提供する事業者への連絡や手配を行います。

　では、ケアマネジャーを見つけるにはどうすればいいのでしょうか。一般的な方法は、地域包括支援センター、または市区町村の介護保険課や福祉課などで事業所リストをもらい、2～3の事業所を選んで連絡し、所属するケアマネジャーと面談します。

ココがポイント！ ケアマネジャーは自分で探すのが基本

　市区町村の福祉課や地域包括支援センターでもらえるのは、サービスを提供している事業者のリストです。リストには、各事業者の住所や電話番号、ケアマネジャーの人数、営業日、デイサービスなどを運営しているかなどの情報が記載されています。地域包括支援センターは原則として特定の事業者を推薦することはできませんので、リストをもとに利用したい事業所をいくつか選んで連絡しましょう。自分で選ぶのが難しい場合は、地域包括支援センターに「自宅の近くが希望」といった要望を伝えれば、条件に合う事業所をいくつか紹介してくれます。

家族 男性

地域包括支援センターが紹介してくれるのはケアマネの事業所であり、ケアマネを紹介してくれるわけではありません。いいケアマネと出会うには口コミが一番ですよ。

いいケアマネジャーはどんなことができる？

　ケアプランは要介護度や身体の状態だけでなく、生活環境や本人や家族の気持ちや性格、価値観、こだわりなども含めて作ります。本人や家族の話をよく聞いてくれることが、いいケアマネの第一条件です。

　よりよい介護サービスを受けるためにはケアマネジャーの提案力も必要です。さまざまな疑問や要望が出てきたときに、フットワークよく対応してくれて、新たな提案をしてくれるケアマネジャーであること、さらに市区町村などで独自に行っている高齢者福祉サービスや民間のサービスについての知識が豊富で、それらと介護保険サービスをうまく組み合わせたプランを提案してくれることも、いいケアマネジャーの条件です。

　また、介護は訪問介護員や訪問看護師、医師、理学療法士などさまざまな専門職がチームを組んで動くため、ケアマネジャーにはチームをうまく機能させるコーディネート力や交渉力、問題解決能力も必要です。

家族 男性

最初はケアマネやケアプランのことは、よくわからないものです。もし相性が合わないとか不満があったら、いつでもケアマネを変更することができます。ケアプランの見直し時期に合わせて変更してもいいでしょう。

ケアマネによっては、何年も同じケアプランを使い続けている場合があります。必要に応じてケアプランの見直しをしてくれるかどうかには、注意しましょう。

家族 女性

ココが ポイント！ ケアプランを使いまわしていないかチェック！

ケアプランは、第1表「居宅サービス計画書」(1)、第2表「居宅サービス計画書」(2)、第3表「週間サービス計画表」の3つが基本です。どの利用者にでも当てはまるようなことが書いてあるのは使いまわしをしている証拠。3つの表に、その人に特化したプランや目標をきっちり記載しているケアマネジャーなら信頼してまかせられます。

家族 男性

家族 女性

ケアマネの資格を取るには、医療や介護・福祉施設などでの実務経験が必要となるため、同じケアマネでも、看護師出身、介護福祉士出身、薬剤師出身とさまざまです。最初は、医療に詳しい人のほうが安心と看護師出身のケアマネさんにお願いしましたが、こちらの話をあまり聞いてくれず、コミュニケーションがうまく取れませんでした。元の資格は関係なく、やはり、認知症の人と家族の話をきちんと聞いてくれるケアマネが一番です。

Q15 介護にかかるお金を減らしたい。何かいい方法はある?

A. 介護費用を低く抑えるには、地域資源をうまく活用しましょう

　介護保険の1か月の支給限度額は、要介護度によって異なります。例えば、要介護1なら16万6920円、要介護5なら36万650円です。これらの金額は現金で支給されるわけではなく、この金額までサービスを利用できるという意味です。

区分	設定区分	区分支給限度額	利用者負担（1割）	利用者負担（2割）
予防給付（予防サービス）	要支援1	50,030円	5,003円	10,006円
	要支援2	104,730円	10,473円	20,946円
介護給付（介護サービス）	要介護1	166,920円	16,692円	33,384円
	要介護2	196,160円	19,616円	39,232円
	要介護3	269,310円	26,931円	53,862円
	要介護4	308,060円	30,806円	61,612円
	要介護5	360,650円	36,065円	72,130円

※介護報酬の1単位を10円として計算

　ただし、サービス利用料の1割または2割は利用者負担となります（65歳以上の被保険者のうち一定以上の所得がある人は2割負担）。また、2018年8月からは特に収入の高い層は3割負担となります。限度額を超えて介護保険サービスを利用する場合は、超えた分が全額自己負担になるため、手厚くすると、どうしても自己負担額が増えてしまいます。

　支給限度額では十分な介護ができない、あるいは自己負担額は少なくして介護を手厚くしたい場合は、地域資源を活用するといいでしょう。自治体によるサービスや民間事業者によるサービスのほかボランティア団体な

どによるサービスがあり、比較的安価に利用できるものも少なくありません。どんな地域資源があるか、どのサービスを使えば費用を抑えられるか、ケアマネジャーに相談してみましょう。

利用できる主な介護保険外サービス

自治体によるサービス　　※料金体系やサービス内容は自治体により異なる
●家事援助 　高齢者を対象に食事、洗濯、掃除、買い物、外出の介助、留守番、話し相手などの日常的な家事援助サービスが利用できます
●認知症高齢者見守りサービス 　認知症の人の見守り、話し相手、外出支援など日常生活を支援します
●配食サービス 　お弁当を 500 円前後で宅配してくれるだけでなく、安否確認も兼ねています
●移送サービス 　公共の交通機関を使って外出することが困難な高齢者を対象とした送迎サービスです。行き先が通院先などに限定される場合もあります
●寝具乾燥サービス 　高齢者世帯を対象におおむね月 1 回車で訪問し、寝具を預かり高温乾燥させるサービスです。無料または低額で提供しています

民間業者によるサービス
●配食サービス 　お弁当を 500 円前後で宅配してくれるだけでなく、安否確認も兼ねています
●介護旅行 　要介護者の旅行の付き添いや宿泊先での身体介護など旅行のコーディネートをしてくれます。ただし料金は高額です
●家事援助 　清掃会社、警備会社、家事代行サービス会社などいろいろな企業が参入しています。訪問介護事業所が介護保険外で提供しているものもあります。訪問介護事業所による家事代行サービスは介護資格をもったスタッフが来てくれることと、家事代行だけでなく自費による介護を依頼することもできることがメリットです
●移送サービス 　介護タクシーなど民間の移送サービスは、通院だけに限らず転院、買い物、観光、イベントの参加などにも利用することができます
●訪問理美容サービス 　出かけることが困難な高齢者の自宅を訪れて、理美容サービスを提供してくれます。

その他
●社会福祉協議会の有償ボランティア事業 サービスを利用する人（利用会員）とサービスを提供する人（協力会員）が会員制により、日常生活の支援を有料で行います
●シルバー人材センター 各自治体ごとに設置されており、おおむね 60 歳以上の人たちが会員登録しています。家事援助サービスのほか障子の張替えや草取りなど幅広いサービスを提供しています
● NPO 法人やボランティア団体 付き添い、家事援助、高齢者見守り、傾聴ボランティア、交流サロン、認知症カフェなどのサービスを提供しています

医療費と介護費がかさんだ場合にお金が戻ってくる制度があります

　介護保険サービスの自己負担分や医療費など、介護生活には支出が多いものです。毎月の介護費と医療費の合計が多い場合は、「高額医療・高額介護合算療養費制度」を活用しましょう。

　この制度は、世帯単位の医療保険と介護保険の自己負担額の合計金額が「自己負担限度額」を超えた場合に、超えた分の金額が支給されるというものです。例えば要介護の夫の介護費と妻の医療費の合計金額が限度額以上のときなどにも適用されます。

　この制度を利用するには 2 つの条件があります。

●医療保険、介護保険サービスの両方を利用していること。

●同一の医療保険制度（国民健康保険、後期高齢者医療制度、会社の健康保険など）に属する世帯であること。

　限度額は年額 56 万円が基本ですが、2018 年 8 月から細分化され、世帯ごとの所得や年齢によって細かく決められています。

第3章 介護サービスを使う 「介護保険」を使うためのQ&A

家族 女性

デイ、ヘルパー、たまのショートというパターンでサービスを利用して、ずっと支給限度額の8割程度で収まっていました。要介護4となってから褥瘡（床ずれ）ができるようになったため、ウォーターベッドや車椅子用エアークッションなどを利用し始めたところ、限度額を超えるようになってしまいました。

自治体によって異なりますが、例えば、目黒区には以下のような制度があります。「障害者手帳等をお持ちでない方でも65歳以上の要介護者を対象に、障害者等に準ずる方であると目黒区長が認める場合、「障害者控除対象者認定書」を発行します」。認定されると、確定申告で障害者控除を適用できるので所得税が還付されます。非課税枠となれば、各種非課税特典も申請後利用できます。自分の自治体独自のサービスを調べることも大切です。

家族 男性

ココがポイント！ 認知症の人を支援するための市区町村事業を知っておきましょう

認知症になっても住み慣れた地域で暮らしていけるよう市区町村ではいろいろな事業をスタートさせています。認知症初期集中支援チームは介護や医療の専門職チームで、認知症の早期診断・早期対応に向けた支援体制を整えます。具体的には、認知症が疑われる方がいる家庭を訪問し、適切な医療や介護につなげる役割を担います。認知症地域支援推進員の配置も事業のひとつ。必要な医療や介護のサービスが受けられるよう医療機関などへのつなぎや連絡調整の支援を行うほか、認知症理解の啓発活動も行います。

第4章

認知症ケアの心構えとアイディア

> 財布が盗まれた？
> 自宅にいるのに家に帰る？

困った症状に寄り添うためのQ&A

第4章 認知症ケアの心構えとアイディア 困った症状に寄り添うための Q&A

財布が盗まれた？
自宅にいるのに家に帰る？

Q16 認知症の人を在宅でケアするとき、どんなことを心がければいい？

A. とにかく否定しないこと。上手に気をそらすことも大事

家族など周囲の関わり方で認知症の人の症状は重くも軽くもなります。なるべく穏やかに過ごしてもらうために、3つのコツをお伝えします。

否定せずにいったん受け入れる

例えば、すでに食事は済んでいるのに「ごはん、まだ？」と聞かれたときに、「もう食べたでしょ」はNG。本人は食べたことを忘れているのですから、納得しないばかりか「否定された」嫌な気持ちが残ってしまいます。そんなときは「ごはん？　準備中です。お茶入れますね」などと本人の気持ちをくんだ返事をしましょう。お腹に溜まらないおやつなどを用意しておけば、食後すぐでもつまんでもらえるでしょう。

3秒の間とオウム返し

　認知症の人の言葉に、「ダメ」「やめて」「違う」などとすぐに反論したくなることもあるでしょう。そんなときこそ「3秒の間とオウム返し」が役に立ちます。

　反発したくなる言葉にも、すぐに返事をしないで3秒の間をおくと、少し気持ちに余裕が生まれます。また、「ごはん、まだ？」と聞かれたときに、「ごはんを食べたいんですね？」とオウム返しで答えれば、認知症の人にも話が通じたという気持ちが残ります。これは「感情の反射」というカウンセリングの基本技法でもあります。

家族 女性

　間違った言動をいちいち正していると、父はすぐに怒りが爆発するようになり、怖くて近寄れなくなりました。「そうだねと肯定したり、オウム返しをしたりすればいいんだよ」と家族会でアドバイスされ実践してみたら、父の反応もよく、私もとても楽になりました。

煮詰まったら場面転換

　認知症の人の意向に添えない場合は、興味を他に向けるよう仕向けると、押し問答や無駄な衝突をせずに済みます。本人が興味・関心を持っている材料（ネタ）をいくつか用意しておくと役立ちます。

場面転換に使えるネタ

- 好きな歌
- 好きな映画
- かわいがっている孫
- 育った町
- 昔の写真
- 思い出の品　など

　また、演技力が必要ですが、その場その場でいろいろな人物になって臨機応変に対応するのもいいでしょう。

Q17 どうしても認知症の人にイライラしてしまう…。どうすればいい?

A. 家族だからこそイライラすることもあります。煮詰まらないように上手に気をそらしましょう

　認知症の人に対して、「以前は、ちゃんとできていたのになぜ?」と疑問を持ったり、「以前はできたのだから、できるはずだ」と期待したりするのは、家族だからこそ仕方ないことかもしれません。家族の認知症をきちんと受け入れるのが理想ですが、なかなか上手くいかないこともあるでしょう。

　しかし、認知症の人を叱ったり、問い詰めたり、否定的な言葉をぶつけたりしても、効果がない上にお互いが傷つきます。イライラしそうなときは、上手にお互いの気をそらすことが大事です。

気をそらすのに有効な手段

- テレビをつけてみる
- お茶の時間にする
- 相手が好みそうな話題に変える
- 一度その場から離れてみる

家族 男性

> 母の愛唱歌をマスターしておいて、イライラしそうなときは、その歌を小声で歌いました。すると母も一緒に歌い出したものです。

たまには一人の時間を作りましょう

毎日、認知症の人の介護をしていれば、誰でもイライラが募るものです。ときには介護から解放されて、一人の時間をもつようにしましょう。そのためには、家族だけで介護しようとしないで、他者に頼ることも必要です。どんなサービスが使えるかは、ケアマネジャーに相談してみましょう。

介護を手伝ってくれるサービス

介護保険サービス：訪問介護やデイサービス、ショートステイなど。特にショートステイは、介護者が一時的に介護から解放されて休息を取るためのレスパイトケアとして利用される

介護保険外（自費）サービス：NPO法人やボランティア団体、介護事業者、生活支援サービス事業者などが提供

介護経験者や介護の最中にいる人たちがメンバーの家族会は、全国どこにでもあります。一度行ってみると、親身になって悩みや困りごとなどの相談に応じてくれるでしょう。

家族 男性

> 家族会の集まりに参加すると、対応の失敗例や成功例を聞くことができるので、「これ、使えそうだな」という情報を得ることができますよ。身内が認知症になったら、一人で悩まずに家族会に参加しましょう。

Q18 お金や大事なものが盗まれたと頻繁に騒いで大変…。何とかならないか?

A. 「もの盗られ妄想」は典型的な症状のひとつ。冷静に受け止めて対処しましょう

　大事なものがなくなったと思い込む「もの盗られ妄想」は、認知症の人によく見られる症状です。その矛先は、最も身近な人に向けられがちで、介護している家族が大きなショックを受けることも少なくありません。

　しかし、もの盗られ妄想は見つからなくなったことに対する不安から生じる症状なので、真っ向から否定しても何の解決にもならず、ますます不安はエスカレートしていきます。まずは「これは認知症の症状なんだ」と冷静に受け止めることが大切です。

こんな失敗もありました

母が私を疑ったときから言い争いに発展。知識があれば、うまく対応できたのに…

　ある日突然、母から「あなた、○○を盗ったでしょ?」と言われたときは、今まで私をそんなふうに見ていたのかとショックでした。そのときは母が認知症だと思っていなかったので「私は盗っていない」と否定したところ、火に油を注ぐように言い争いになってしまいました。知識があれば、あんなに衝突せずに済んだのかなと思います。

家族 女性

教科書的な対応で効果がなければ、本人が忘れるまで待ちましょう

　もの盗られ妄想への教科書的な対応としては、認知症の人の思いに添って、なくなったものが出てくるまでつきあうことです。具体的には、以下の3つが挙げられます。

もの盗られ妄想への対処法

- 反論せず、きちんと話を聞く
- いっしょに探す
- 本人に見つけさせる

　ときには疑いをかけられた家族が謝ったり、お金を返したりすることも教科書的な対応では求められます。とはいえ、いつも教科書的な対応で上手く収まるとは限りません。本人が「盗まれた」ことに執着しつづけるとこじれやすいので、他に興味を引いて忘れてもらう方法もあります。あの手この手を試しても効果がなければ、その場を離れて忘れてくれるのを待ちましょう。

> 父が「盗られた」と訴えたときに、目星をつけていた場所に連れていったら見つかりました。そのときは納得したように見えましたが、あとで孫に「ママが、あそこに入れたんだよ」と言っていたのです。父は話を作って辻褄をうまく合わせるので、私は二重に傷つきました。

家族 女性

こうやって解決した！

なくなったものの情報を集めましょう
思い出話を続けるうちに忘れてくれることも

「**あ**なた、盗ったでしょ？」と言われたときは、話をじっくり聞いて、質問しながら盗られたものに関わる情報を引き出しましょう。例えば、大事にしていたネックレスなら、「誰にもらったの？」「いつもらったの？」「大事なものだったのね。写真はないの？」とネックレスにまつわる思い出話へと会話を発展させていきます。よい思い出の場合は楽しそうに話してくれますし、話しているうちに盗まれたことは忘れてしまいます。

　でも、忘れるのはそのときだけ。「盗られた」はくり返しますから、その都度、同じように対応しましょう。適切な対応をしていけば安心感が生まれ落ち着きます。「もの盗られ」はいつまでも続くものではありません。

Q19 お風呂を嫌がって入ってくれない。どうすればいい?

A. 声かけ次第で、入浴に応じることも。デイサービスの入浴サービスも活用しましょう

　認知症の人は入浴を嫌がることが少なくありません。理由は人によってさまざまです。

入浴を嫌がる理由
- 裸になるのが恥ずかしい、不安だ
- 入浴すると疲れる、億劫だ
- お風呂場が寒い
- 服の脱ぎ着が上手くできない
- 浴槽の出入りが難しい
- 特に理由はない　など

　入浴を拒否する人には、「お風呂が沸いたよ。一番風呂だよ」「久しぶりに背中を流そうか」「病気になったら悲しいから…」など、いろいろな声かけをして、誘ってみましょう。それでも断られたら、あっさり引き下がって構いません。
　羞恥心から拒否している場合は、バスタオルなどを使って、裸でいる時間を極力減らしましょう。介助する家族も一緒に服を脱いで裸になると、気恥ずかしさが消えて安心してくれることもあります。

> 異性のヘルパーだと入浴しない場合もあるので、本人の性別も配慮しましょう。
>
> 家族 男性

　入浴剤を入れて温泉気分を楽しんでもらったり、お風呂上りにビールなど好きな飲み物を飲んでもらったり、お楽しみを用意するのもいいでしょう。楽しかったという感情は残るので、次回の入浴がスムーズにいく場合があります。どんな方法で誘っても拒否が続く場合は、訪問入浴サービスやデイサービスの入浴サービスの利用も検討しましょう。

> 入浴拒否が続くと不潔になり体も臭ってきます。しかし、本人は何も困っていないので、無理強いされても拒否するのは当然です。拒否が続く場合は、入浴はデイサービスでと割り切ったほうがいいですよ。プロの技を活用しましょう。
>
> 家族 男性

> 父は入浴自体の拒否はあまりなかったのですが、年とともに身体能力も衰えてきたため、入浴の介助が大変でした。転倒しそうになったことをきっかけに、デイサービスを利用するようになりました。そうした意味でもデイサービスは活用できます。
>
> 家族 女性

Q20 家から外出したがるが、常に同行はできない。どうすればいい?

A. むやみに外出を制限するのはよくありません。「外に出たい」という気持ちをそらしましょう

　好きなところに出かけたいというのは誰もが持つ当然の欲求です。認知症になっても外出が制限されてはよくありません。しかし、遠くで迷ってしまったり、事故に遭ったりすると困るので、危険を回避するための対策を講じましょう。

　もっとも安全な方法は一緒に外出することです。家族などで分担して認知症の人を24時間サポートできると理想的ですが、なかなか現実的には難しいでしょう。しかし、十分に付き添えないからといって、認知症の人を閉じ込めてはいけません。

こんな失敗もありました

鍵を厳重にかけて閉じ込めるのは厳禁!

　認知症の人が出ていかないように、家中の出入り口や窓の鍵を二重三重にかけた家族がいました。その結果、どうなったでしょうか?

　頭がやっと通るくらい小さな、2階の浴室の窓から外に出ていったのです。

　幸いこのケースでは転落することはありませんでしたが、閉じ込められると不安感が増し、「もうここにはいられない」という気持ちになって、逆効果です。事故を防ぐためにも、家族は「玄関から出ていいんだよ」という態度で対応するようにしたいですね。

手を変え、品を変え、引きとめてみましょう

まずは、安全対策として次の2点を試してみましょう。

●出かけたことに気づけるように

玄関ドアに鈴を吊るしたり、センサーをつけたりして、外に出たときに気づけるようにしましょう。GPS付き器具は便利ですが、器具に気づくと捨てる人もいます。

●連絡先がわかるようにする

道に迷っても保護した人が家族に連絡できるよう、衣類や靴などに本人の目につかないように連絡先を書いたり、財布などに連絡先を書いたカードを入れたりしましょう。

さらには、禁止や説得の言葉を使わずに、外に出ることを防ぐ声かけも試してみましょう。まずは「外に出たい」という気持ちに共感を示すことが大切です。それから、他のことに意識を向けさせるようにします。

例えば、「会社に行くのね」と共感してから、「その服では会社に行けないから上着を探しましょう」、「そろそろ食事の時間だから食べてから行きましょう」、あるいは「今日は日曜だから会社は休みだよ」と引きとめてみます。それでも引きとめられなければ、一緒に出掛け、頃合いを見計らって「お茶でも飲まない？」「おかず買って帰ろうか」などと帰宅を促しましょう。

家族 男性

> 玄関から出ていこうとしたら、「またドアが壊れてる！明日、大工さんを呼んで直してもらうから」と芝居を打って、室内に連れ戻す方法も効果がありますよ。

> 役所の守衛さんに協力してもらったこともありました。夜中に仕事に行くという母と役所の前を通りかかった際に、守衛さんに「今日は終わりましたよ」と言ってもらいます。母はすんなり納得して家に帰ってくれました。

家族 男性

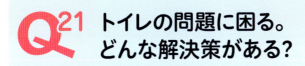

Q21 トイレの問題に困る。どんな解決策がある?

A. 排泄はとてもプライベートな行為です。プライドを傷つけない対応を心がけましょう

トイレの失敗はいろんなパターンがありますが、本人のプライドを守るためには、どんなときも怒るのは禁物です。排泄したいときにトイレに行けるように、さまざまな工夫をしましょう。

トイレを失敗しないコツ

- トイレのドアや順路に貼り紙をする。
- ドアに赤や黄など目立つ色のマークをつける
- 夜は廊下やトイレのドアなどに照明を点ける
- 排泄サインを見逃さずにトイレまで誘導する
- 寝る前に必ずトイレに誘う

また、転倒が心配でも、トイレの中で排泄する様子をじっと見守るのはNGです。視野に入らない位置に立ったり、タオルで隠したりするなど、安心して排泄に集中できる環境を作ることを心がけましょう。

おむつ交換を拒否するのはプライドが傷つくから

自立歩行が困難になったり、尿意や便意がわからず失禁することが多くなったりすると、おむつを使わざるを得ません。しかし、本人がおむつ交換を拒否する場合があります。おむつを使うことで本人はプライドが傷つくからです。おむつを使うときは、最大限配慮するようにしましょう。

ケアマネ

> 排泄と入浴のときは必ずバスタオルで覆う配慮が必要です。覆われていると安心してくれます。おむつ交換のときは、小さいタオルでいいので、陰部を隠すようにしましょう。

> 母は一回だけ汚れたおむつを隠したことがあります。こっそり処分し、その後も一切そのことには触れませんでした。母はおむつ交換を拒否することはなかったのですが、それは、おむつを隠したことに触れなかったことがよかったのかもしれないと思っています。

家族 男性

「きれいにしましょう」はNG！

おむつ交換をするときに、「きれいにしましょう」と言ってしまいがちですが、この声かけでは、認知症の人は「私は汚いんだ」と思ってしまいます。逆に「気持ち悪かったでしょ？ 気づかなくてごめんね」と相手の気持ちに寄り添った言い方をすると、「私は悪くないんだ」と思ってくれて、すんなり受け入れてくれることも少なくありません。

Q22 タバコが大好きだが、火事を起こさないか不安。いい対策はある?

禁止するのは逆効果です。喫煙を認めたうえで安全対策を

　火事が怖いからタバコをやめてほしいというのは、介護家族の切実な思いでしょう。しかし、無理にやめさせようとして、隠れて吸われるとかえって危険です。やめさせようとするのではなく、事故を起こさせない対策を講じるようにしましょう。

喫煙しても火事を出さない工夫

- 電子タバコに変える
- 人の目のある時間、場所でしか吸わない
- 家族がタバコを管理する

　しかし、火のついたタバコをゴミ箱に捨ててしまったり、服やカーペット、ソファーなどに焼け焦げをつくったりする危険性がないとはいえません。徹底的に防火対策をするなら、防火の床、防火カーテン、防火シーツ、防火パジャマなどに替えることをお勧めします。

こんな 失敗もありました

タバコはやめてくれたものの、
心に傷が…。

父はタバコが好きでした。吸いすぎないように1日5本と決めても、切れると自分で買いに行ってしまうのです。いてもたってもいられなくなったのでしょう。冬なのに下着1枚で買いに行ったこともありました。

ある日、布団やソファーなどに焼け焦げを発見したので、注意を促すために焦げたところに〇印をつけておいたら、それを見た父はとても傷ついたようでした。当時来てくれていた訪問看護師に「俺は今まで悪いことひとつしたことがないのに、なぜ責められなくちゃいけないんだ」と泣いたそうです。それがきっかけになってタバコをやめたと思うのですが、もっとよい対処法はなかったのかなと思っています。

こうやって 解決した！

職員と一緒に吸う時間を作ると、
デイサービスが楽しみに

タバコは多くの人の目があるところで吸ってもらったほうが安全です。そこで、デイサービスの職員（喫煙者）に頼んで一緒に吸ってもらうことにしました。10時、12時、3時の1日3回と決め、その時間になったら職員が喫煙所に誘ってくれました。家ではタバコ禁止にしたのですが、逆にデイサービスに行くのをとても楽しみにするようになりました。吸う場所と吸う時間を守れる人なら、この方法は有効だと思います。

ガスコンロは、家族やヘルパーさんと一緒に使う

　火の不始末といえば、タバコだけでなく台所のガスコンロも心配です。キッチンのガスコンロは認知症の人が一人で使うのは危険を伴います。しかし、この場合も、ガスコンロを使用禁止にしたり、取り外したりするのはNGです。生活の場にあって当たり前のものを奪うと不安が増しますし、できることは自分でやるという自立能力を奪ってしまうことにつながります。

　ガスコンロは、必ず家族と一緒に使うようにしましょう。それが難しい場合は、訪問介護のプランに、ヘルパーと一緒に使う時間を盛り込むといいでしょう。自由に使っていい時間を設けると満足してくれます。

　電磁調理器は火を使わないという点では安全ですが、認知症の人には使い方がマスターできないこともあります。

　煙探知機や火災報知器を設置しておくといいでしょう。自治体によっては補助制度があります。

ケアマネ

コンロを使えなくても、自分でお湯を沸かすと満足してくれる人なら、電子レンジで代用できます。

家族 男性

最新のガスコンロにはSiセンサーが搭載されています。火のつけっぱなしやガス漏れを自動で防げるので安全ですよ。

Q23 買い物がうまくできず、不要なものをたくさん買ってしまう。解決策は？

A. 日常の買い物は家族が同行して。詐欺を未然に防ぐ工夫も必要です

　同じものや不要なものを次々に買ってしまうのは、もの忘れによる症状です。必要なものを確認して買い物に出かけても、その食品が自宅にあったかどうかを忘れてしまうのです。加えて、長年の買い物習慣や家族の食の好みが体にしみついていることが原因になっていることもあります。例えば、豆腐好きの夫のためによく豆腐を買っていた場合は、「お父さんは豆腐が好きだから」という記憶から、買い物のたびに豆腐を買うことになってしまうのです。

　必要なものだけ買ってきてもらうためには、家族やヘルパーが買い物に同行するのが最善の方法です。在庫のあるものや不要なものを買おうとしたときに、別の話題を提供して意識をそらすといいでしょう。

家族 女性

買い物は人生の楽しみなので、高額でなければ自由に買ってOKにしています。おかげでいつでも冷蔵庫に納豆が山盛りになっています…。

代わりに買い物に行く場合は、「売り切れていた」と伝えましょう。買っていないのに「買ってきたよ。冷蔵庫に入れておくね」はNG。「ない」とわかると不信感につながります。

ケアマネ

1週間に一度は家の中をチェックできる介護体制を

　テレビ、新聞、雑誌の通販で不要な商品を購入するケースもあります。訪問や電話による勧誘で買ってしまうこともあります。家の中に見慣れないものを見つけたら要注意です。1週間に一度は家の中をチェックできるようにしましょう。もし、事業者の強引なセールスで買ってしまった不要なものがあれば、一定期間内なら無条件で契約解除（クーリングオフ）できます。

> **クーリングオフできる期間**
>
> 電話勧誘販売や訪問販売：法定書面を受け取ってから8日間
> マルチ商法など：法定書面を受け取ってから20日間

　通信販売にはクーリングオフ制度はありませんが、決まった通販業者から購入している場合は、「○○という者が電話しても注文を受けないでほしい」と直接連絡すると対応してくれることもあります。

　問題なのは、詐欺まがいの販売行為に引っかかることです。判断能力に不安があれば、成年後見制度、日常金銭管理などのサービスも利用できます。地域包括支援センターや社会福祉協議会、警察などに相談してみましょう。

家族 女性

> 押し売りだけではなくて、貴金属やブランド品を強引に買い取られる被害もあるようです。結婚指輪など大事な品は定期的に見せてもらったほうがよいかもしれません。

こんなとき どうする？

電話での悪質なセールスは、どうやって防ぐ？

住んでいる地域の警察署から自動通話録音機を借りるといいでしょう。無料です。振り込め詐欺などの犯罪を防止するためのものですが、電話による販売の勧誘防止にも役立ちます。「この電話は、振り込め詐欺等の犯罪被害防止のため、会話内容が自動録音されます」という警告メッセージが自動的に流れます。

こうやって 解決した！

余計な買い物や詐欺を未然に防ぐために、荷物はすべて局留め・営業所留めにしました

母が余計なものを買ったり、詐欺にひっかかったりしないように念のためにやっていたのは、通販会社や運送会社の会員になることです。そうすると、いつ発送するか事前メールが届くので荷物のチェックができます。

　また、宅配の荷物はすべて、郵便局なら局留め、運送業者なら営業所留めにしておきました。荷物が届くたびに家族が取りに行く手間はかかりますが、不要な荷物は受け取り拒否ができます。高齢者は代引き払いをすることが多いので、受け取らなければ支払いをしなくてすみます。

Q24 自動車の運転をやめてくれない。何かいい方法はある?

A. 無理やり運転免許証や車のキーを取り上げず、本人が納得できる方法で対処しましょう

　認知症の人の交通事故は、社会的な問題となっています。事故を起こすと自分だけでなく他人に危害を与える可能性もあり、運転をやめてほしいと願う家族は少なくないでしょう。しかし、無理やり免許証や車のキーを取り上げるのは考えものです。家族の関係にヒビが入り、今後の生活にも支障が出るようになってしまいます。

　現行の道路交通法では、75歳以上は約30分の認知機能検査が必要となっています。認知症と診断されると、免許証は停止、または取り消しされることになっています。

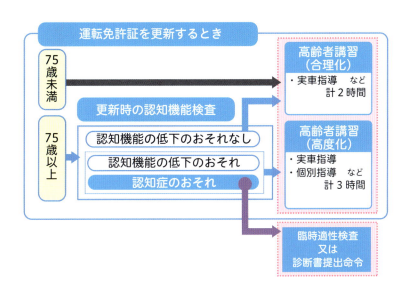

本人を傷つけることなく納得したうえで運転をやめてもらうには、医師という権威を活用し、かかりつけ医などに協力してもらうのが最善の方法です。本人と1対1で面談してもらい、その後家族も加わって話し合いをしましょう。

父が免許証を返納したのは67歳のとき、「買い物は宅配を頼めばいいから、車はいらないよね」と言ったところ納得してくれました。

家族 女性

ケアマネ

車庫入れの失敗など、小さな事故やヒヤリハットを起こしたときに返納を勧めると、納得してくれるケースもあるようです。粘り強く納得してもらいましょう。

こうやって解決した！

認知症の人の人生を肯定してほめる かかりつけ医の言葉が奏功しました

　家族からかかりつけ医に相談して上手く行ったケースもあります。認知症の人に「あなたの輝かしい人生に傷をつけてはいけません。輝かしい人生をそのまま終えませんか」と医師から説得したところ、納得して「もう運転しない」と誓約書を書きました。「危険だからやめなさい」ではなく、これまでの人生を肯定し、プライドをくすぐる言い方をしたのが受け入れやすかったようです。

運転をやめたあとの環境を整えることも大切です

　公共交通網が発達していない地方では、必要に迫られて運転している高齢者が少なくありません。運転免許証を返納すると、その後はバスやタクシーを利用したり、誰かに車を出してもらったりしないと外出手段がなくなるようでは、今までの生活を維持できなくなってしまいます。

　こうした環境で暮らしている認知症の人に運転をやめてもらうには、運転をやめた後の環境を整えておくことが不可欠です。まずは介護保険サービスの訪問介護や、送り迎えしてくれるデイサービスを利用しましょう。介護保険で利用できるサービスは限られているため、不足している分は介護保険外サービスを検討しましょう。社会福祉協議会、介護事業者、NPO法人、ボランティア団体、民間事業者などが提供しているサービスは、買い物の付き添い、高齢者見守り、認知症カフェの開催など、さまざまなものがあります。車なしでどんな生活が可能か、ケアマネに相談してみるのもいいでしょう。

家族 女性

運転をやめても、ネットスーパーや生協などの宅配サービスを利用すれば、日用品や食料品で困ることはありません。今どきはスーパーマーケットやコンビニも配達してくれますよ。

第5章

医療サポート体制を整える

持病がある、症状が強い、ご飯が食べられない……

上手に医療に頼るためのQ&A

第5章 医療サポート体制を整える
上手に医療に頼るためのQ&A

持病がある、症状が強い、ご飯が食べられない……

Q25 かかりつけ医がいると、どんなメリットがある?

A. 本人の心身状態を把握しているから、相談、症状の改善、治療、入院がスムーズです。

認知症に限らず高齢になると体にいろいろな不調を起こしやすくなるため、かかりつけ医をもつことは、健やかな暮らしを維持していくうえでとても大切です。家族の介護負担や不安への理解を示しアドバイスしてくれる医師なら、なおいいですね。地域の認知症介護サービス機関と連携しているかかりつけ医なら、介護・医療全般に関して相談ができるでしょう。

かかりつけ医のメリット

- 本人の心身状態を日ごろから把握しており、健康管理を任せられる
- 気になる症状や不調、介護の悩み事などを気軽に相談できる
- 入院や専門的な治療が必要なときに、適切な医療機関を紹介してくれる

認知症の人にぴったりのかかりつけ医とは？

認知症の人のかかりつけ医には、どんな医師が適しているのでしょうか。まずは**本人と相性がいいこと**が条件にあげられます。また、**認知症診療の経験がある**ことは重要です。うまくコミュニケーションできない認知症の患者からも、言葉を導き出してくれたり、家族がどんなことに不安や疑問を抱えているか予測して、アドバイスをしてくれたりするかどうかは見極めポイントです。また、緊急時や夜間などに連絡ができ、必要に応じて往診してくれる医師であれば申し分ありません。こうした医師なら、信頼関係を築くことができ、長いおつきあいができるでしょう。

認知症に関して理解度の高い認知症サポート医のほうが、かかりつけ医に適していますが、長年のつきあいがあり本人も安心できる医師であれば、認知症サポート医でなくても問題ないでしょう。

家族 男性

> 大病院より、歩いて行ける近所のクリニックがお勧めです。移動時間や待ち時間が短くてすむし、往診にも来てもらいやすいでしょう。

ココがポイント！
よいかかりつけ医かどうかは、薬の処方のしかたでもわかります

薬を処方してくれる医師がいい医師だと思い込んでいる人も少なくありませんが、それは大きな間違いです。一方的に薬を処方するのではなく、患者が納得できる理由を説明したり、「まずは2週間試してみましょう」と期限を示してくれたりする医師は信頼できます。「薬の種類が多すぎで管理が難しいのですが…」といった薬に関する相談に対して、きちんと対応してくれるとより安心です。

家族 女性

認知症に加えて病気も合併しているときは、近所のかかりつけ医による訪問診療を

楢林 洋介　楢林神経内科クリニック　院長

訪問診療は往診と異なり、定期的・計画的に在宅療養をサポートする

　往診も訪問診療も、自宅で医師に診てもらう点では同じですが、往診は通院できない患者の要請を受けて、医師がその都度診療を行うもの。一方、訪問診療は定期的に患者宅を訪問し、診療、治療、薬の処方、療養上の相談や指導を行うものと区別されています。病歴や現在の病気、病状などを把握し、関係医療機関などから情報を収集し、診療計画を立てていきます。つまり、通院が難しい患者の診療を継続的にサポートするのが訪問診療です。

　医療機関の施設基準によりますが、24時間体制の届け出をしている場合は緊急対応も行います。ただし、呼べばすぐに医師がかけつけられるとは限りません。医師が一人だけというクリニックの場合は、外来患者も診ているため即対応はできないことが多いでしょう。複数の医師を抱えて訪問診療を行っているところは対応が早いという利点はありますが、多くの患者と契約を結んでおり、中には契約患者が1000人単位のところも。また、常に医師が複数待機しているので、どうしても月の管理費が高額になります。

　認知症の場合は、訪問診療も行っている近所のかかりつけ医も良い選択肢です。長年同じ患者を診ているかかりつけ医なら、生活環境や認知症患者への対応法などについて気軽に相談したりアドバイスをもらえ、よりよい在宅療養生活が送れると思います。

訪問診療だけでなく
訪問看護も利用する

　認知症の患者の場合は、誤嚥や転倒など突発事故で訪問要請が入ることが多いですが、誤嚥性肺炎や骨折を起こすと入院になってしまうため、身体の衰えから通院が難しくなってきたら訪問診療を利用したほうが安心でしょう。認知症に加え身体疾患がある人も訪問診療を入れることをお勧めします。

　また、家族や患者の安心のためには、訪問診療だけでなく訪問看護も併せて利用することをお勧めします。医師は要請があってもすぐにはかけつけられない場合があるため、まずは訪問看護師に連絡をとりましょう。訪問看護師は、医療的な相談などにも応えてくれるので患者と家族にとって心強い存在です。訪問診療医と連携を密にとっている点においても安心です。

看取りまで行うのが訪問診療。
急変したら救急車ではなく医師に電話を

　在宅医療では希望により在宅での看取りまで行う機能があり、家族に対して看取りをするための心構えも段階的にアドバイスしていきます。終末期に入ったかどうかのひとつのターニングポイントは食事を食べたときむせるようになることですが、この時点では、家族はまだ受け入れられる状態ではないことが多いため、少しずつ看取りへのコンセンサスを作ります。

　終末期の患者が急変した際、状況によりますがあわてて救急車を要請せず在宅医へ相談してください。病院の救命救急チームは懸命に助けようとするため、患者や家族が望む安らかな最期を迎えることができず、延命治療のレールに乗ってしまうということがあります。また、病院到着時に死亡されているときは警察が介入し場合によっては解剖に至ることもあります。まず、訪問診療医に連絡し、落ち着いて医師の指示に従うようにしましょう。

Q26 長く健康に暮らしていくためには、どんな点に気をつければいい?

感覚器の不調は早めに改善し、医療のサポートを受けやすくしましょう

　家族は、認知症の症状や病気など身体的な変化には敏感ですから、そのための医療サポート体制を整えることには積極的に取り組む場合が多いでしょう。しかし、目、口、耳、鼻の健康維持に関しては、医療とつなげる視点が抜け落ちがちです。実は、こうした感覚器の健康をできるだけ長く維持していくことが、健やかな暮らしを営んでいくうえで、とても重要なのです。

　見たり聞いたりする力が衰えると、コミュニケーションがとれなくなって認知症が進んでしまいます。嗅覚が鈍れば、食べ物のにおいがわからず食欲が減退するかもしれません。口の健康維持も重要です。入れ歯が合わなくなったり、口腔ケアが十分に行われなければ、噛む力が衰え、食べる楽しみを奪われてしまうことにつながります。飲み込む力や喋る力にも影響します。

　こうした感覚器の不調は、本人と専門医とのコミュニケーションが成立していなければ改善できません。なるべく認知症が進む前に各科の医師を受診して不具合を調整しておくといいでしょう。

家族 男性

母が初めて補聴器を使ったのは86歳のときです。しかし、とても嫌がって、いくら勧めても受け入れてくれませんでした。補聴器は練習しないと使えないので、認知症が進行する前に取り入れることをお勧めします。

コラム
健やかに過ごせる時間を長くするには、早い段階で訪問看護サービスの利用を

　訪問看護サービスは医療的な問題が大きい人が利用する、あるいは症状が重くなってから利用するという思い込みもあるようですが、そうではありません。訪問看護サービスは、早い段階から利用することをお勧めします。認知症に限らず高齢者の健康状態は日々変化しますから、1週間に1回など定期的に看護師が訪問する態勢にしておけば、受診すべきかどうか迷ったときも気軽に相談できるというメリットがあります。また、常に医療の目があると、何らかの症状が起きたときの医療的処置もスムーズです。

　転倒することが増えてきたり、食べられなくなったり、睡眠に問題が出てきたり、あるいは、自立していても何かにつけて拒否する傾向がある場合は、訪問診療に切り替えたほうが、本人にとっても家族にとっても安心ですし、健康をできるだけ維持した状態で暮らしつづけることができます。訪問診療を専門に行っているクリニック（在宅療養支援診療所、P106参照）はフレキシブルに往診してくれるので、いざというときも対応がスムーズです。一方、一般のクリニックは、往診してくれるとしても外来での診察があるので、すぐには対応できない場合が多いでしょう。

家族や介護職の手を借りれば外出できる程度ならば、すぐに訪問診療を選択しないほうがいいでしょう。自宅だけで過ごすと動く機会や刺激を受ける機会が減ってしまうので、心身の機能が低下してしまいます。まずは訪問看護サービスを検討しましょう。

看護師

Q27 医師に相談したほうがいい症状はどんなものがある？

A. 食事・排泄・睡眠がポイント。「いつもと違う」ことに気づきましょう

　認知症が進むとコミュニケーション能力が衰えるので、自ら体の不調を訴えることが難しくなります。できるだけ早く症状を改善するためには、家族が変化に気づくことが大切です。日常的に観察する習慣をつけて、変化に気づいたら医師に相談するという流れを作りましょう。

　基本的な観察ポイントは、「いつもと違う」かどうか。何がどう違うのかよく観察したうえで、できるだけ詳しく医師に伝えるようにしましょう。訪問看護サービスを利用している場合は、まず看護師に相談して、受診すべきかどうか判断を仰ぎましょう。

　特に重要な観察ポイントは、食事、排泄、睡眠です。この3つは健康維持に直結していますから、変化に気づいたらためらわずに医師に相談しましょう。これら3つの症状への具体的な対処法については、Q28～30で紹介します。

家族 女性

> 母がおかしな格好で服を着替えていたので、どうしたのかと体を見てみたら、あざができていました。家族が見ていないところで転倒して、けがをしたようです。

> 医師が症状の変化について尋ねても、具体的に答えられない家族は多いものです。いつから食欲が落ちたのか、どのように変化していったのかという情報が治療に役立つので、変化のプロセスは必ずメモしておくようにしましょう。

看護師

✔️ 何だか変？「いつもと違う」チェックポイント

＜食事＞
- □以前と比べて、食べる量、飲む量が減った
- □食べるのに時間がかかるようになった
- □途中で食べるのを止めることがある

＜排泄＞
- □何日も便が出ない
- □頻繁に排尿するようになった
- □濃い色の尿が出た
- □便を弄ぶ

＜睡眠＞
- □よく寝る、うとうとしている
- □朝起きない、昼夜逆転して夜に寝ない
- □なかなか寝付けない

＜不快感＞
- □微熱が続いている
- □何となくイライラしている
- □痛みがある

＜動作＞
- □よく転ぶようになった
- □ふらつきがある
- □座っていても体が傾く

第5章 医療サポート体制を整える 上手に医療に頼るためのQ&A

こんなときどうする？ 医師に相談するタイミングがわからない

看護師

介護している家族は、どのタイミングで医師に相談すればいいか迷うものです。「もう少し様子を見よう」と判断することも多いでしょう。しかし、気づいた時点で医師に相談したほうが、早い段階で適切な対処ができます。相談するのが遅れると、治療が後手に回ってしまうことになりかねません。ときには、家族の気づきが間違っているかもしれませんが、相談することをためらう必要はありません。

むしろ、自分の常識で判断しないことのほうが大切です。例えば、「私も1週間ぐらい便秘するから大丈夫だろう」とか、本人が「痛い」と訴えていても「私もたまにどこかにぶつけて痛いときがあるから、たいしたことはない」など、自分の経験から安易に判断するのは危険です。

家族 男性

たまに不穏になる原因は、実は便秘だったということがありました。高齢者は便秘になりやすいと医師に言われ、教えてもらった便秘対策をしてみると、不穏になることが格段に少なくなりました。

なかなかご飯を食べてくれなくなった。どうすればいい？

 「なぜ食べられないか」を考えて
原因を探る中に改善のヒントがあります

　認知症の人の食欲不振の原因は、歯や口などの食べる機能に問題があるケースと、食べる機能には問題がないケースの２つがあります。歯がぐらついている、入れ歯が合わなくなった、飲み込みがうまくできないなど、食べる機能に問題があれば、歯科医師に相談してみるのがいいでしょう。

　飲み込んだり食べたりする機能は低下していなくても、目の前に置いてある食事を食べ物と認識できなくなったり、食べるという動作の手順がわからなくなることもあります。スプーンや箸などの道具をうまく使えなくなったために、食欲不振が進むこともあります。

　また、食事の環境に問題があることも少なくありません。さらに食事中の姿勢も食欲を左右します。座ったときに体が傾いていたり、テーブルとイスの高さが適切でなかったり、首が伸びていなかったりすると食欲低下につながりますし、誤嚥性肺炎の原因にもなります。

こんな環境では食事に集中できない？
□テーブルの上に食事と関係ないもの（新聞、花瓶など）がある
□テレビの音が大きい、BGMがうるさい
□食べている隣で、家族や介護職が歩き回っている

食べ物の形状や見た目も食欲を左右する

　食べ物の形状も食欲を左右します。詳細は次ページの表にまとめましたが、ほかにも、かまぼこやこんにゃくなどの噛みちぎりにくいものや、のりやわかめなど厚みのないものに食べづらさを感じる人がいます。

また、食べ物が見やすくなるよう工夫することも大切です。例えば、ワンプレートにまとめたり、丼物にしたりすると、食事に集中しやすくなります。一皿ずつ配膳し、食器のふちに手を添えるように誘導すると、1つの皿に集中することができます。白い食器が見えやすいように、明るくはっきりした色のトレーやランチョンマットを使い、色彩のコントラストを利用するのもいいでしょう。

食べやすい	食べにくい
●柔らかいもの ●口やのどを通過するとき変形しやすいもの ●べたつかないもの	●パサパサしているもの ●硬いもの ●繊維の多いもの ●変形はしてもつぶれないもの

食事量が減ったら医師に相談を

　食事環境を整えたり、食べ物の形態や食事内容、食事の見せかたを工夫したりしても食べてくれないときは、できるだけ早い段階でかかりつけ医を受診しましょう。食事がとれず低栄養状態になると、免疫力が低下して感染症にかかりやすくなり、床ずれもできやすくなります。低栄養から死に至る高齢者も少なくありません。また、水分は食事からもとっていますから、食事量が減ると脱水になるリスクが高まります。体重減にも注意しましょう。

看護師

水分をあまりとらない人には、栄養補給ゼリーが有効です。ゼリーは飲み込む機能が低下していても誤嚥しにくいので、糖尿病でなければお菓子のゼリーでもかまいません。

父は約2か月ほとんど食べない時期があり、認知症が進み体力や筋力が低下しました。食事の工夫などをアドバイスしてもらったところ、少し食べられるようになりました。もっと早い時期に受診すればよかったと反省しています。

家族 女性

便がなかなか出なくなっている。食事や薬など排便を楽にする工夫は？

腸の動きをよくするための工夫を、いろいろな角度から試してみましょう

便意の訴えを見逃さない 家族が便秘に気づくことが大切

　高齢になると腸の動きや腹圧が弱まっていきむ力が低下するので、便秘になりやすくなります。また、ストレスや薬の副作用も便秘の原因になります。便秘によって認知症のBPSD※が目立ってきたり、精神状態が不安定になったりするなど、心身の異変につながるケースも少なくありません。

　また、認知症の人は自分で便秘による不快感を訴えることができませんから、周囲の人が気づく必要があります。最近、排便がないようだと気づいたら、おなかを触ってみましょう。硬くなっていれば便秘であることはすぐにわかります。体重の変化も判断の目安になります。

家族が便秘に気づくポイント
□おなかを触ると硬い
□トイレに行く回数が少ない
□体重が増えている
□トイレからなかなか出てこない

　便秘と同時に嘔吐や激しい腹痛がある場合は、何らかの病気の可能性があるので、すぐに受診しましょう。

※ BPSD……Behavioral and Psychological Symptoms of Dementiaの略で、認知症に伴う行動・心的症状をいいます。徘徊や興奮などの行動面の症状（behavioral symptoms）、不眠や知覚などの精神面の症状（psychological symptoms）に分けられます。

食事・運動・生活習慣を見直してみる

便秘解消のポイントは、食事と運動と生活習慣です。薬を使いたい場合は、かかりつけ医に、認知症の程度やほかの疾患の状態などから判断してもらうようにしましょう。市販薬の使用はお勧めできません。

◆食事

海藻や野菜など、食物繊維の多い食品も取り入れるようにしましょう。米などの穀類に含まれている不溶性食物繊維は水に溶けないので、水分を吸収してふくらみ、便の排泄を促進します。精米していない玄米やブラウンパンだと、食べる量は同じでも確実に食物繊維量を増やすことができます（食欲がない場合は避けたほうがいいでしょう）。

水分をとると便が柔らかくなるため、水分摂取は便秘解消の大切なポイントです。夜中にトイレに起きるのを嫌がって水分をとることを控える高齢者もいますが、脱水を起こしやすいうえ、便秘も解消しません。具だくさんの汁物やおじやだと、いろいろな栄養をとれると同時に水分もとることができます。

◆運動

運動不足で活動量が下がると、腸の動きが鈍ったり、食事量が低下したりして、便秘になりやすくなります。しかし、運動能力が低下している人に、無理に体を動かすことを強制はできません。歩ける人は歩き、歩けない人は温かい手でおなかをさするマッサージをします。理学療法士による手足の関節運動も運動の効果があります。

◆生活習慣

毎日、規則正しく同じ時間に食事をとるだけで、胃腸の動きがよくなります。一定の生活リズムを維持するようにしましょう。その人が一日のうちいつ排便をしていたのか、家族が知っておくことも必要です。これまで習慣になっていた時間にトイレに連れていきましょう。

家族 男性

入浴時、温かいシャワーでおなかや肛門を刺激すると出ますよ。肛門の周囲が洗えるシャワーベンチが便利です。デイサービスの職員と便秘情報を共有し、排泄ケアをしてもらいましょう。

高齢になるとのどの渇きを自覚しにくくなるので、水分摂取量が減ってしまいがちです。本人のそばに常に水のペットボトルを置いておくようにしましょう。訪問看護師は摘便や浣腸など、排泄ケアの高度なスキルをもっているので、相談してください。

看護師

昼夜逆転して、夜に眠ってくれない。夜に寝てもらういい方法は？

 普通の生活リズムに戻すことに固執せず、昼夜逆転を認めたうえで対処法を考えましょう

　高齢になると、睡眠パターンに変化が現れます。夜、2時間おきに目が覚めるこま切れの睡眠パターンもあれば、2日間眠りつづけて、ようやく目覚めると今度は2日間ずっと起きているようなパターンもあります。認知症の人の場合は、昼夜逆転の睡眠パターンになるケースが多く、こうした状況がつづくと家族が心身ともに疲れ果ててしまいます。

　まず試みてほしいことは、日中の活動量を増やすことです。デイサービスを活用すれば、アクティビティなどに参加したり入浴したりすることで、おのずと活動量が増えます。また、訪問介護サービスのプランに買い物同行を組み込んだり、散歩に連れ出したり、外出機会を増やすのもいいでしょう。

　ただし、就寝前には刺激を与えないようにしましょう。時代劇やサスペンスドラマなどを見ると、どうしても神経が高ぶります。本人が好きな穏やかなメロディーの曲を聴いてもらうなど、安定した気持ちで入眠できる工夫をしてください。

家族 女性

> 以前に利用していたデイサービスは、あまりレクリエーションが活発ではなく、日中は車いすでうとうとして帰ってくることもよくありました。そうすると夜に眠ってくれず、介護をするこちらが睡眠不足になってイライラするという悪循環に。外出やアクティビティーが充実しているデイサービスに変えたところ、夜、よく寝てくれるようになりました。

昼夜逆転の生活リズムを受け入れるのも一手

　日中の活動量を増やしても、必ずしも昼夜逆転が改善するとは限りません。改善しない場合は、昼夜逆転の状態を「それでいいんだ」と受け入れ、家族にとって負担にならない対策を考えるようにしましょう。

　本人の自立歩行に問題がなければ、夜間の生活は本人の自由にしてもらい、家族は別室で寝てもかまいません。朝、起床したときに様子を確認しましょう。トイレが心配で頻繁に目を覚ます場合は、尿量を把握したうえで、医師に相談を。家族が仕事をしている場合は、家族のほうができるだけ睡眠パターンを認知症の人に合わせ、早く就寝するようにしましょう。

　老老介護の場合は、どうしても介護者の負担が大きくなります。十分に睡眠をとるために、介護される人の睡眠パターンに合わせて、介護者のほうが睡眠導入剤を服用して日中に睡眠をとる、という方法もあります。また、夫婦の寝室を別室にすれば、介護者はぐっすり眠ることができるでしょう。

　昼夜逆転している本人が、よく眠れないと訴える場合もあります。眠ることは体力を要することなので、一般的には高齢になればなるほど睡眠時間は短くなり、長時間の睡眠を必要としなくなります。眠れないという訴えは、十分に睡眠をとったという満足感が得られないからでしょう。しかし、起きているときにうとうとしているのなら心配ありません。

看護師

　お酒が好きな人は寝酒をのむことが多いですが、お酒を飲むと睡眠が浅くなるため、質のよい睡眠がとれません。ウイスキーやブランデーにはウーロン茶を、日本酒にはミネラルウォーターを混ぜておくとアルコール度数が下がります。

家族　男性

　睡眠導入剤を飲みたくないという理由で、お酒に頼る認知症の人もいるようです。しかし、最近の睡眠導入剤は安全性が高いので、お酒で肝臓を痛めるより薬のほうが安心だと、医師に指導されました。

Q31 薬の飲み忘れや飲みすぎを防ぐにはどうすればいい？

A. 薬の管理を本人まかせにしない。そのつど薬を手渡しするのが最も安心です

　高齢者、特に認知症の人は多種類の薬をたくさん服用している場合が多いものです。認知症の方によく見られるのは、飲み忘れや飲みすぎでしょう。それらを防ぐには、まず「なぜ飲み忘れるのか、飲みすぎるのか」の原因を探ってみましょう。

薬を正しく飲めない理由
□うっかり忘れる
□薬の飲みかたが複雑でわからない
□薬の種類や量が多くて混乱してしまう
□何の薬か理解していないから飲む気にならない
□錠剤が大きくて飲み込めない

　うっかり忘れていたり、飲みかたが複雑だったり量が多かったりする場合は、「お薬カレンダー」に朝、昼、晩別に服用する薬を入れておくことで改善するケースがあります。改善しないときは、服薬の時間に家族が薬を手渡したり、ヘルパーに薬を出してもらうなどして、ちゃんと飲み込むまで見守りましょう。認知症が進むと薬の管理能力は低下しますから、どうしても家族や専門職の手が必要になります。そばで見守っていても飲んでくれない場合は、薬の数や飲みかた、形状などに原因があるのかもしれません。飲み込む機能が低下していることも原因の1つだと考えられます。
　原因がはっきりしないときは、かかりつけ医に相談しましょう。医師としっかり連携がとれている薬剤師に相談してもいいでしょう。訪問薬剤師なら、家に来て服薬の管理や指導をしてくれます。

ちょっとした工夫で飲んでくれる場合も

　薬の形状に原因があるときは、ちょっとした工夫で改善する場合もあります。例えば、粉薬にむせてしまって飲めないのなら、オブラートや嚥下補助ゼリーなどを使ってみましょう。ただし、オブラートの場合は注意が必要です。薬を包んでそのまま口に入れると口内で薬が広がってしまうので、包んだ状態のものを水に浸してから口に入れましょう。この方法だとスムーズに飲み込めます。

　錠剤が大きくて飲み込めないときでも、勝手に小さく割ったり、つぶして粉状にしないようにしましょう。形状を変えると、腸で溶けるはずの薬が胃で溶けてしまったりして、本来の効果を発揮できなくなってしまいます。代替方法はいろいろあるので、医師または薬剤師に相談しましょう。

薬の相談をするなら薬剤師がいいと思っている家族も多いと思いますが、薬剤師は患者の症状を把握していないこともあります。まずはかかりつけ医に相談するといいでしょう。

看護師

レビー小体型認知症の母は薬に敏感です。新しく処方された薬を飲んだ次の朝、起き上がれなくなったことがあります。新しい薬の飲みはじめや、飲む量を増やす際には注意が必要です。

家族 女性

こんなときどうする？ 薬を二重に飲んでしまった！

認 知症の人の場合、飲んだことを忘れて、同じ薬をまた飲んでしまうということがあります。二重に服薬してしまった場合は、必ず医師に相談しましょう。一般的には、いつも飲んでいる薬を1回分余計に飲んでしまったという場合であれば、その後の様子を観察して変化がなければ問題ないでしょう。しかし、過剰に薬を飲むと薬の効果や副作用が強く出てしまうこともあります。例えば高血圧の薬は、血圧の急激な低下によって、めまいやふらつき、頭痛、動悸、脱力感などの症状が現れることがあります。その場合は、しばらく横になってもらい血圧の変動をチェックしましょう。利尿作用の強い薬もあるので、排尿の回数や尿の状態、水分のとりかたを観察することも大切です。

また、頻繁に飲み間違える場合は、薬の管理のしかたを見直してみましょう。

看護師

Q32 入院すると認知症の症状が進むと聞くが、症状を進ませない工夫はある？

**慣れない環境は不安なものです。
認知症ケアができる病院を選びましょう**

　認知症になるとストレスに耐える力が低下するため、慣れない環境では落ち着かなかったり、ウロウロしたり、大声を出すといった症状が現れます。また、自分のいる場所や時間がわからなくなり、不安を感じたり混乱したりします。病院に入院するということは、認知症の人にとっては自分の居場所がない状態であり、自宅のようになじんだ過ごしかたができません。

　しかし、長期入院しなければならない場合でも、認知症ケアがしっかりできている病院を選ぶことで認知症の進行を抑えることができます。家族が探せなくても、認知症を理解しているかかりつけ医がいる場合は適切な病院を紹介してくれるでしょう。BPSDの症状改善のために専門医がいる病院に入院した場合は、認知症に注目してケアしてくれるので安心です。

入院先を日常の環境に近づける

　認知症への理解が乏しい病院に入院せざるを得ないときは、病室をできるだけ自宅の環境に近づけるようにしましょう。認知症の方にとって、家族がいつもそばにいることが日常ですから、家族は頻繁に面会してたくさん話しかけたり、車いすで外に連れ出し散歩をしたり、病院のレストランで一緒に食事をとるなど、普段の生活に近い時間を共に過ごすことが大切です。家族の写真や日ごろから大切にしているものや慣れ親しんだもの、好きなものなどを病室に持ち込むと安心します。

101

家族 男性

母が一回目の入院をしたときは、看護師と私でナースコールの押しかたをこんこんと説明しましたが上手くいきませんでした。その反省を踏まえて、次の入院では、枕元に母が大好きな本を置くなど自宅に近づける努力をしたところ、比較的穏やかに過ごしてくれました。

面会から帰るときは「帰るね」と言わないようにし、「会社に行ってくる」「買い物に行ってくる」「行ってきます」と言うと、母は「いってらっしゃい」と送り出してくれました。

家族 男性

こんなときどうする？ 入院中にせん妄を起こした！

看護師

せん妄とは、病気や薬の影響、環境の変化などによって意識障害が起こり、混乱した状態のことです。時間や場所がわからなくなったり、幻覚を見たり、興奮するといった精神症状が出たり、暴れたり、暴言や暴力が出たりすることもあるので、人格が変わってしまったように感じることもあるでしょう。入院もせん妄を起こす要因です。認知症の方が入院中にせん妄を起こすことはよくありますが、これは認知症が進行したのではなく、多くの場合は一過性のものです。一般的に数時間から数週間といった短期間で回復するといわれています。

病院、介護施設、在宅の橋渡しをするのが地域包括ケア病棟。病気になった認知症の人も入院できる

櫻井 道雄　厚生中央病院　院長

超高齢社会に急増する患者対応のため設けられているのが地域包括ケア病棟

現在、国は、超高齢化社会に適した新しい医療・介護体制を作るために、団塊の世代が後期高齢者になる2025年を目標に「地域包括ケアシステム」の構築を進めていますが、このプランの中で、平成26年に新設されたのが「地域包括ケア病棟」です。

この病棟の役割は、急性期の患者の受け入れ、緊急時の受け入れ、在宅・生活復帰支援の3つ。急性期や緊急で入院し、病状が安定した患者に対して、自宅や介護施設などへ帰れるよう支援します。

＜地域包括ケア病棟の対象となる患者＞
1. **急性期治療後の受け入れ**
   入院治療で病状は改善したが、もう少し経過観察が必要な患者
2. **在宅復帰の支援**
   退院に向けて継続的なリハビリが必要な患者
   在宅サービスの調整や退院後の生活の場所の検討と調整が必要な患者
3. **緊急時の受け入れ**
   在宅介護中や施設からの緊急受け入れを要する患者

※最長60日以内での退院が原則です。

身体疾患のある認知症の入院患者が、自宅や施設に帰れるようにサポート

超高齢社会の今、2012年の調査では65歳以上の高齢者の4人に一人は認知症と認知症予備軍と言われています[※]。将来的には高齢者の50％以上の確率で認知症を発症すると言われています。同時に、高齢者の2人に1人ががんを発症します。また嚥下性肺

※健康・医療戦略推進本部．わが国における高齢者認知症の実態と対策：久山町研究．九州大学大学院医学研究院 環境医学分野 清原 裕

炎は高齢者の死亡原因2位となっています。これらのことから言えるのは、超高齢化社会の医学的キーワードは認知症、がん、嚥下性肺炎の3つ。そこに転倒骨折も加わります。これらのキーワードに対応できる病棟の必要性から設けられたのが地域包括ケア病棟です。

　以前は、例えば、嚥下性肺炎で入院してきた方が認知症だった場合、環境の変化によりせん妄を起こすと、病院では手に負えないため家族を呼んだり、一時的に退院して落ち着いてもらうという対応をしていましたが、地域包括ケア病棟が新設されてからは、医師、看護師、リハビリスタッフなどが協力して入院中のサポートをするようになっています。

　当院の場合は、嚥下栄養サポートチーム、認知症サポートチーム、緩和リビングウィルチーム、骨粗鬆症チーム、皮膚排泄サポートチームなどを設けており、該当する患者を受け入れる体制をとっています。また、院内で認知症デイケアを行っており、入院中に認知症が進行しないよう多様なアクティビティーを提供しています。退院については、退院支援看護師がそのサポートにあたります。

　若い人と異なり、高齢者は病気を抱えたまま地域に返すことになります。認知症の場合も同様。身体疾患が改善しても、認知症という病気を抱えたまま自宅や施設に帰ることになるため、地域包括ケア病棟は、地域の医療・介護専門職とも連携をとっています。

入院のための登録制をとっている地域包括ケア病棟も。病気になったときスムーズ入院が可能です

　地域包括ケア病棟では、在宅療養中の患者に入院が必要となったときも、在宅医やかかりつけ医からの依頼を受けて入院、治療、リハビリなどをして自宅に帰るサポートをします。当院の場合は、在宅医やかかりつけ医が家族に相談し、事前に当院に患者を登録しておく方法をとっています。登録制なら入院がスムーズですし、入退院をくり返す患者の場合は、顔なじみのスタッフの看護を受けられるので安心ではないでしょうか。

自宅で最期を看取るには、どんな態勢や心構えが必要？

 看取りは医療・介護との連携が不可欠。
死に至るプロセスを知り心の準備をしましょう

　最期は自宅で看取りたいという家族は多いでしょう。本人も、意思は伝えられなくても慣れ親しんだ我が家で最期を迎えたいと思っていることが多いのではないでしょうか。では、在宅での看取りを可能にするには、どうすればいいのでしょうか。

　看取りには医療との連携は不可欠ですから、在宅での看取りの経験があり、訪問診療に加え、緊急時には休日や夜間でも往診をしてくれるかかりつけ医と「そのとき」のことをよく話し合っておきましょう。かかりつけ医が看取りケアをしていない場合は在宅療養支援診療所※の医師を紹介してもらい、かかりつけ医と訪問医が連携して看取りケアを行うようにします。

　看取りケアを行うには、訪問看護師や訪問介護職との連携も必要です。いよいよ死期が近いという医師の診断があったり、危篤の状態になったりしても、いつまでその状態が続くかわかりません。家族が四六時中付き添うのは肉体的にも精神的にも無理がありますから、看取りケアチームをつくって看取りにあたるようにしましょう。

看取りケアチームをつくる

- 家族（介護者）親類　友人
- 訪問医
- 訪問介護職
- かかりつけ医
- 訪問看護師
- ケアマネジャー　など

急変時の対応を、看取りに関わるチーム全員で共有する

　自宅で看取りをするには、もう一点大切なポイントがあります。それは、家族を含めた看取りケアチーム全員で、容態が急変したときの対応を共有しておくことです。そのためには家族が「延命処置はせず平穏な最期を迎えさせたい」という意思を固めて、死を受け入れる心の準備をしておくことです。医師や訪問看護師は、患者が終末期に入ると、どういうプロセスを経て死に至るか、亡くなる間際はどういう状態になるかを説明してくれますから、心づもりをしておきましょう。説明が不十分な場合は質問してください。

　チーム全員で家族の意思を共有しておけば、急変したときに誰かがあわてて救急車を呼ぶのを防ぐことができます。救急車を呼ぶということは、患者を延命処置のレールに乗せるということ。すると自宅での平穏な看取りはできなくなってしまうのです。急変したときは、あわてずに、かかりつけ医に連絡すれば適切な指示を出してくれます。亡くなる時間によっては、すぐに駆けつけることができない場合もありますが、指示に従い落ち着いて待つようにしましょう。

※在宅療養支援診療所……地域の在宅医療を支える 24 時間の窓口として、他の病院、診療所などと連携を図りながら、24 時間往診、訪問看護等を提供する診療所

第5章 医療サポート体制を整える　上手に医療に頼るためのQ&A

家族 男性

心臓が止まる最期の瞬間を見守ったり立ち会ったりすることが看取りではありません。死に至るまでの時間を家族と本人が共有することが看取りです。コミュニケーションできる時間をどう過ごすかを大切にしましょう。

胃ろうを造設したり、人工呼吸器をつけたりして延命することを認知症の本人に代わり家族が決定しなければならないことがあります。事前に本人の意思を確認し「エンディングノート」を作っておきましょう。また、胃ろうの選択にあたっては医師から"デメリット"もきちんと説明してもらいましょう。

看護師

家族 男性

在宅で看取る場合は、医師は徐々に点滴を減らすなど、本人の苦痛の原因を取り除き、自然に死にゆくように導いてくれます。家族も心を決めて死に向き合いましょう。

終末期に入ると家族の介護負担は大きくなりますから、自宅で看取りたいという家族には「途中で気が変わってもいいからね」と伝えるようにしています。また、デイサービスとショートステイが一体となっている小規模多機能型のサービスも勧めています。

ケアマネ

家族 女性

家族はいつまでも生きていてほしいと願いますが、いずれ亡くなるという覚悟をしておかないと、納得のいく見送りかたができません。私はいろいろな方の看取り体験を聞いていたので、心の準備ができました。

107

> ココが
> ポイント！

母が父の死に対して覚悟ができたのは、かかりつけ医のおかげ

父は肺炎がきっかけになって、次第に衰えていきました。そのときかかりつけ医は「発熱しては治まりを繰り返すことが増えていき、最終的には尿が出なくなり旅立ちます」と、丁寧に母に説明してくれました。父が亡くなった直後に実家を訪ねると、母はしっかり父の死を受け止めていたのです。かかりつけ医が亡くなるまでのプロセスを説明してくれなかったら、母は覚悟ができなかったでしょう。よい医師に恵まれたおかげで、在宅で看取ることができたと思っています。

家族 女性

索引

英数

BPSD 93

OT ➡ 作業療法士

PT ➡ 理学療法士

ST ➡ 言語聴覚士

あ

アルツハイマー型認知症 ... 26

安全対策 .... 68、71

意味性認知症 26

医療ソーシャルワーカー
.... 20、31

医療福祉相談室 20

うつ病 .... 16、26

運転免許証 77

運動 94

おむつ交換 70

か

介護医療院 .... 41、42

介護休暇 35

介護休業 35

介護支援専門員
➡ ケアマネジャー

介護者の会 20

介護費用 52

介護保険 .... 19、40、44

介護保険外サービス ...37、53

介護保険サービス ....37、61

介護療養病床 42

介護老人保健施設 42

外出 67

買い物 74

かかりつけ医 .... 17、24、82

家族会 .... 20、37、61

看護小規模多機能型
居宅介護 45

キーパーソン .... 29、33

喫煙 71

急変時の対応 105

居宅サービス 42

クーリングオフ 75

薬の管理 98

ケアカンファレンス 32

ケアプラン .... 49、51

ケアマネジャー（介護支援専門員）
.... 24、30、49

言語聴覚士（ST）.............. 30

公益社団法人認知症の人と
家族の会 .... 20、21

109

高額医療・
高額介護合算療養費制度 .54
甲状腺機能低下症............ 16
コミュニケーション

.... 14、48、86

さ

サービス担当者会議 32
在宅介護...................... 24
在宅療養支援診療所・病院

.... 24
在宅療養支援診療所

.... 87、105
作業療法士 (OT)............. 30
支給限度額................... 52
市区町村事業................ 55
自己負担額 52
施設サービス 42
社会福祉士(ソーシャルワーカー)

.... 31
若年性認知症................ 26
終末期 85
小規模多機能型
居宅介護.................. 24、45
ショートステイ ..... 24、37、42
食事 94
食事（の）環境............. 91

食欲不振 91
自律神経失調症.............. 26
睡眠導入剤................... 97
睡眠パターン 96
生活習慣 94
正常圧水頭症 16
前頭側頭型認知症........... 26
せん妄........................ 102
相談窓口..................... 19

た

タバコ........................ 71
地域包括ケア病棟.......... 103
地域包括支援センター

.... 19、24、44
地域密着型サービス 43
チームづくり 29
昼夜逆転 96
長期入院 101
低栄養 92
定期巡回・
随時対応型訪問介護看護

.... 24、43
デイサービス .... 24、37、42
転倒 69
トイレの失敗 69
特別養護老人ホーム........ 42

な

入浴サービス 65

認知症カフェ .... 20、37

認知症サポート医 83

認知症疾患医療センター

.... 20

認知症対応型通所介護 45

認知症の確定診断 15

認知デイ .... 43、45

脳血管性認知症 26

脳梗塞 26

脳出血 26

脳腫瘍 16

は

排泄 69

ピック病 26

福祉用具専門相談員 30

別居家族 .... 28、33

ヘルパー .... 24、42

便秘 93

便秘解消 94

訪問看護 .... 24、85、87

訪問看護師 30

訪問歯科 31

訪問診療 .... 84、87

訪問診療医 30

訪問調査員 46

訪問薬剤師 98

ホームヘルパー .... 30、48

保健師 31

保健所 19

保健センター 19

ま

慢性硬膜下血腫 16

看取り .... 85、105

もの盗られ妄想 62

や

要介護度 52

ら

理学療法士 (PT) .... 30、94

利用者負担 52

レビー小体型認知症 ... 15、26

Dカフェnetプロフィール

正式名称は、特定非営利活動法人Dカフェまちづくりネットワーク。20年間にわたる認知症の介護を経験した竹内弘道さんが代表を務め、現在、目黒区内に9カ所の認知症カフェを展開。

各カフェは、認知症の人と家族を支える地域の交流拠点としてだけでなく、認知症セミナーなどの研修会、啓発イベントなども開催している。DカフェのDには、Dementia（認知症）、District（地域）、そして、"だれでも"のDという意味合いが込められ、介護者家族だけでなく、認知症当事者、医療や介護の専門職、そして、認知症に関心をもつ一般市民まで幅広い層が参加する。
URL ⇒ http://d-cafe.kazekusa.jp/

認知症の人と家族のための
「地元で暮らす」ガイドブックQ＆A
―認知症カフェに集まる家族、
専門職が一緒に作った！

2018年8月15日発行　第1版第1刷©

監　修	新里 和弘
著　者	NPO法人Dカフェnet
発行者	長谷川 素美
発行所	株式会社メディカ出版
	〒532-8588
	大阪市淀川区宮原3-4-30
	ニッセイ新大阪ビル16F
	https://www.medica.co.jp/
編集担当	山口浩司／中島亜衣／猪俣久人
編集協力	福島美喜子
装　　幀	株式会社イオック
本文イラスト	赤川ちかこ
印刷・製本	日経印刷株式会社

本書の複製権・翻訳権・翻案権・上映権・譲渡権・公衆送信権（送信可能化権を含む）は、（株）メディカ出版が保有します。

ISBN978-4-8404-6546-5　　Printed and bound in Japan

当社出版物に関する各種お問い合わせ先（受付時間：平日9：00～17：00）
●編集内容については、編集局 06-6398-5048
●ご注文・不良品（乱丁・落丁）については、お客様センター 0120-276-591
●付属のCD-ROM、DVD、ダウンロードの動作不具合などについては、
　　　　　　　　　　　　　　デジタル助っ人サービス 0120-276-592